獻給內子幸璣

時代論壇書系

崇拜多面體

陳康 著

基道出版社

時代論壇
CHRISTIAN TIMES LTD

▼

時代論壇書系

崇拜多面體

The Facets of Worship

作者
陳康 Chan, Philip H.

責任編輯
甄敏宜

裝幀設計
莫可雅

■

聯合出版

基道出版社
香港沙田火炭坳背灣街 26 號
富騰工業中心 1011 室
LOGOS PUBLISHERS
Unit 1011, Fo Tan Ind. Centre,
26 Au Pui Wan St., Shatin, Hong Kong
電話：(852) 2687-0331 傳真：(852) 2687-0281
網址：http://www.logos.com.hk

基督教時代論壇週報
香港九龍旺角彌敦道 602-608 號
總統商業大廈 19 樓 B 座
CHRISTIAN TIMES
Room B, 19th Floor, President Commercial Building,
602-608 Nathan Road, Mongkok, Kowloon, Hong Kong
電話：(852) 2785-7688 傳真：(852) 2785-8335
網址：http://www.christiantimes.org.hk

發行
基道出版社

承印
陽光印刷製本廠

●

1/2006 初版
Cat. No. LP357A
ISBN-10: 962-457-302-6
ISBN-13: 978-962-457-302-2

刷次	15	14	13	12	11	10	9	8	7	
年份	2026	2025	2024	2023	2022	2021	2020	2019	2018	2017

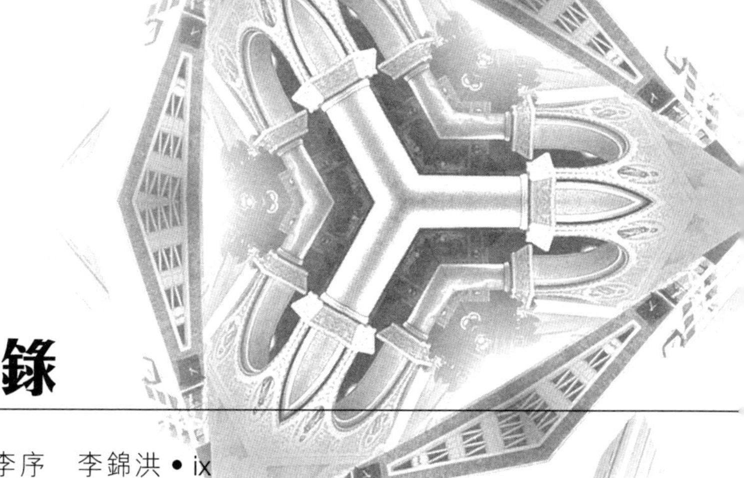

目錄

崇拜者的心靈預備

崇拜的形式與編排

崇拜程序的負責人

崇拜的音樂

詩班與敬拜隊

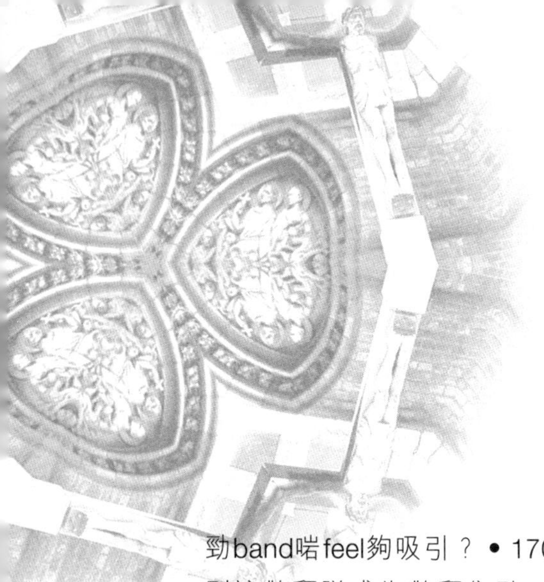

崇拜的環境

戲劇與舞蹈

結語：崇拜學的更新

李序

李錦洪

我的工作是個跨媒體傳播人，遊走於文字、影像與廣播之間，深諳互動與包容，多元與開放的傳媒文化和社會趨勢，懂得批判，更重視欣賞。

我的事奉是個跨宗派的自由傳道人，長年到不同教會和信徒與社會羣體中分享主道，偶爾也受邀外訪，以及出席不同宗教的對談場合。對不同宗派和教會的崇拜，我都非常投入，享受主內同心的喜樂與平安，柔和謙卑的心，經歷萬族萬民，各堂各宗派向上帝呈獻最美的合一頌讚。

當「更新」成為教會的顯學，「崇拜」愈趨求變化與新意，在多元和創意的刺激下，難免會產生新與舊，傳統與現代，莊嚴與親切等不協調的步伐，令崇拜變成一種形式化的學問，甚至引起教會分歧。

陳康博士是我母會香港浸信教會的部分時間傳道，主責聖樂和崇拜，在他的生命中，永遠流露出一份樂韻與詩情，舉手投足，指揮若定，讓每一句頌詩，每一首樂章，都成為把人帶進上帝面前，謙恭安靜的媒介，觀其人，聽其樂，正是那種使信仰建構生活，把理論融於實際，將抽象化成具體的「大師風範」，既建基於深湛的學養和圓熟的技巧，更是將心靈和誠實結聚成敬拜上帝的動力，能感動別人，因為自己先受感動。

他在《時代論壇》撰寫探討崇拜的專欄，既予人理念，也授以經驗和方法，對現時華人教會在崇拜及音樂所呈現的各彈各奏，自唱自和的混聲雜頌中，仿似深沉的大提琴，撥發出成熟的弦音，不浮不燥地調校著一些走音的變調、偏離的譜子。

基督教崇拜不單是一種學問，更重要是一種關係，三一真神永遠是主，教會崇拜必須以討上帝喜悦為首要，而非要取悦人。真正的崇拜，是做到神人皆悦，天人合一。

好的文章，必須用心寫成，陳康的一顆「清心」透過文字與音符，將人帶到上帝施恩座前，同頌阿們。

自序

陳康

二〇〇四年初，《時代論壇》編輯甄敏宜小姐來電，邀請我撰寫有關崇拜的專欄。當時我內心十分矛盾。一方面感到興奮，因為有機會和讀者們分享我極有興趣的課題；但另一方面，卻感到憂慮，因為當時我正埋首專注於撰寫崇拜學的博士論文，實不知是否有時間，能每週按時繳交專欄稿。後經安靜禱告，我還是欣然接受這份邀請。

我的論文，是一本有關崇拜與聖樂的課本，教本和學術的味道較重(此論文已翻譯成中文，並由基道書樓出版，名為《崇拜與聖樂：理論與實踐全方位透視》)。因此，我希望在《時代論壇》的專欄，用一個較生活化的手法來表達。此外，討論的內容也不單局限於聖樂方面，也盡量包括任何和崇拜有關的課題。正如在第一篇文章所說，我希望內容不單只有理論，還是實踐和經驗之談。

為了讓這書的內容更豐富和充實，我特別邀請了一些友好們撰寫文章。這幾位都是我相識多年的好友，更重要的是，他們多年來對崇拜方面都有負擔，一直不斷在這方面付上不少的心力。他們在崇拜方面的經驗、體會和睿見，必能帶給大家有很好的反省。

本書得以出版，實蒙各方弟兄姊妹的鼓勵和支持。在過往的歲月中，我在崇拜學方面有不同的體會，實有賴我所服事的香港浸信會神學院及香港浸信教會。衷心多謝江耀全院長及劉少康牧師給予我的空間和自由，以及神學院的師生和教會的長執和肢體的信任和接納，讓我有機會把崇拜學上很多理論，作出多樣的試驗和實踐。

此外，要感謝《時代論壇》的邀請，並讓專欄的文稿，結集成書面世。感謝李錦洪社長賜序。感謝吳宗文牧師、李廣生博士、郭鴻標博士、劉少康牧師、鍾建楷牧師撰寫推介。感謝周君善牧師、林志輝傳道、許書煌牧師、溫張蓮教授、劉永生先生、謝林芳蘭博士、簡英材博士、羅慶才博士撰寫文章，令本書生息不少。

我自覺對崇拜學的認識仍然淺薄，因此不敢說我的文章能為讀者提供多少有關崇拜學方面的答案。如果文章所提出有關崇拜的問題，能引發讀者繼續尋索答案的興趣，我已是心滿意足。

「弟兄們，我不是以為自己已經得著了。我只有一件事，就是忘記背後，努力面前的，向著標竿直跑。」

導論：充滿動力的崇拜

崇拜多面體

崇拜學是基督教近年熱門討論的課題之一，而「崇拜更新」亦是一些教會定作堂會一年的目標和方向。至於崇拜模式和詩歌風格上的爭議，則更是不少教會正面對的困難。正因為以上的種種因素，教會在這幾年間開始漸漸意識到信徒在崇拜學方面應要有較多的認識，教會也應在這方面多一些的教導。

信徒每天都過著敬拜神的生活模式，而每個主日，信徒又經驗一同集體敬拜，本來對崇拜學有了解，是自然不過的事。但可惜崇拜學一直在教會的教導中較被忽略，大家又假設會友在決志信主後，便會明白崇拜的真義，忘記正確的崇拜觀其實也像其他基本信仰，需要加以教導。結果信徒對崇拜學一知半解，並且產生大大小小的誤解，更甚者，由於大家崇拜觀念的偏差，教會裏產生了一些無謂的爭議。

在過去的數年間，筆者在崇拜的課題上一直不斷觀察、探究、體驗、嘗試和反省，在過程中深深覺得崇拜學是一門既深且闊的學問，當中的研究涉及神學、禮儀學、教會歷史、藝術、宣教、教會增長等範疇。筆者想藉此書，透過三個不同的層面，與讀者分享對崇拜學的一些見解。

一、理論的層面

崇拜學不單只講求主觀的經驗，還需要加上理性的聖經基礎、神學理念和教會歷史的探究和反省。聖經和神學上的研習，幫助我們建構一個正確的崇拜觀，澄清一些純粹靠個人感受和主觀經驗所帶來的一些誤解。筆者希望透過講解一些崇拜學的基本理論，和讀者分享崇拜的觀念和意義。

二、實踐的層面

崇拜學不單是一套空泛的理論，更是實際的行動，正如美國崇拜學大師韋柏博士（Dr. Robert Webber）所說：「崇拜是一個動詞。」作為一個經常在台上帶領崇拜的人，又作為一個經常設計和編排崇拜程序與流程的人，筆者將會分享理論與實踐之間的相互關係，以及將理論變成實踐之難。

音樂是崇拜中重要的元素，筆者絕對認同音樂在崇拜中之重要。作為崇拜中的音樂人，筆者又會和讀者談論音樂在崇拜中之角色及運用，以及當中所出現和需要處理的問題。

常言道：「教學相長」。筆者在神學院中教授崇拜學，課堂上師生間之討論，同學們所帶來的問題及睿見，都大大擴闊筆者對崇拜學的領域。當中所聽到的個案，十分值得在此與讀者分享。

三、經驗的層面

崇拜不單停留在理論的層面，還包括實際的經驗。作為一個信徒，筆者也是一個普通的敬拜者。當不需要在台上帶領崇拜時，筆者也和其他會眾一般參與敬拜。和其他敬拜者一樣，筆者對每個崇拜都有著一定的期望與訴求。曾經有一年多的時間，筆者在每個主日走訪香港及北美多間教會，經驗了不同宗派、傳統、規模、風格、模式的崇拜。當中的經歷，擴闊了筆者對崇拜學的視野。相信我們當中不少會眾，除了出席自己堂會的崇拜外，較少機會到其他教會體驗。希望這方面的分享，能增廣讀者的見聞。

筆者斷不認為自己對崇拜學有很多的認識，相反地，正因深感自己在這方面的欠缺，希望藉這書拋磚引玉，引起更多人對此課題的興趣與討論，讓筆者和讀者一同有更多學習之機會。

萬國萬民的神啊，祢是萬有的主宰。主啊，開我們的眼睛，讓我們看見祢的真理。開我們的耳朵，讓我們聽見祢的真道。開我們的心思意念，讓我們明白祢的旨意。阿們。

Worship・Worth-ship

筆者有次到某教會作崇拜學專題的講員，到了最後十分鐘的問題解答時段，一位參加者問了一條問題：「請問你可否給崇拜下一個定義？」這問題令筆者覺得十分困窘，因為原來講了一個多小時有關崇拜的課題，筆者還沒有為所講的題目和內容下一個清楚明確的定義。這次尷尬的經驗，帶給筆者兩個很好的提醒：第一，以後要為所講論的課題，給人先下一個清楚的定義。第二，今日對於崇拜上的爭議，很可能是源自大家對崇拜學不同的理解，又或是對崇拜學的一知半解。因此，就讓我們先來看看甚麼叫崇拜。

「崇拜」和「敬拜」這兩個詞彙，前者較像名詞，後者則較多用作動詞，但很多時我們又發覺兩者在日常運用上，意思和用法相通，因此我們就當兩者意義相同。

人類學家認為，每個人天生有一種崇拜的心態，我們崇拜的對象，通常是一些比自己能力較高的人物或事物。因此，有人會崇拜影星或歌星，因為覺得他們無論在相貌和才藝上，都遠超自己的能力。有人甘作拜金主義者，因為覺得金錢是萬能的。也有人拜樹或石頭，因為見它們經歷百年，仍屹立不倒，實存有過人之力量。這些都是出於人與生俱來崇拜之心。著名佈道家葛培理牧師曾說：「每個人心中都有一崇拜神的心態，問題是他心中的是一個怎樣的神。」若然神的定義是人把有限的事物當作無限的事物而奉之為神，那麼，人物、金錢、物件都有可以成為一個人心中的神。

當然，作為基督徒，我們所崇拜的對象就是我們的救主。這位創造並且掌管天地萬物的主宰。為甚麼我們要敬拜神呢？啟示錄四章十一節告訴我們：「我們的主，我們的神，祢是配得榮耀、尊貴、權柄的；因為祢創造了萬物，並且萬物是因祢的旨意被創造而有的。」神不單創造了萬物，還親自向我們啟示，並且接納每一個回轉的罪人；因此，被造者向神信靠順服，敬拜榮耀，是自然不過的行動。英文worship一字，來自worth-ship這字，含有酬謝、配得、可貴的意思。用作我們對神的崇拜，意思是我們覺得神是可貴，是配得我們崇拜的。有一位神學家曾經說：「如果問為甚麼要敬拜，倒不如問為甚麼要有神。」

因此，我們可以說，崇拜是神人相遇的經歷(encounter)。崇拜是被造者對創造主的回應，是人對神在耶穌基督裏的自我啟示作出一種愛的回應。我們敬拜的基本原因，是因為神是我們的創造主，祂是獨一的真神、全能的父。羅馬書一章二十節指出：「自從造天地以來，神的永能和神性是明明可知的，雖是眼不能見，但藉著所造之物，就可以曉得，叫人無可推諉。」神藉所造之物向我們自我啟示，神更藉主耶穌基督，向我們顯明祂的大愛與救贖。主基督甘願降卑為人，道成肉身，住在我們中間，是為了救贖我們，並且背負十架，忍受鞭傷痛苦，走上各各他被釘身十架之路。敬拜是甚麼？敬拜就是神的子民與神相會，一同集體見證、宣述、頌讚救主的大能與慈愛，一同將榮耀、頌讚呈獻予愛我們的主。

請問你信主有多少年日？你參加主日崇拜有多少次？你對崇拜的真正意義認識又有多深？

創造天地萬有的主，掌管天地萬物的神，我們親愛的阿爸父，感謝祢親自向我們的啟示，以致我們能夠認識祢。求主幫助我們，更多明白崇拜的真義。阿們。

崇拜feels good為自己？

「當烏西亞王崩的那年，我見主坐在高高的寶座上。祂的衣裳垂下，遮滿聖殿。其上有撒拉弗侍立，各有六個翅膀：用兩個翅膀遮臉，兩個翅膀遮腳，兩個翅膀飛翔；彼此呼喊說：聖哉！聖哉！聖哉！萬軍之耶和華，祂的榮光充滿全地，因呼喊者的聲音，門檻的根基震動，殿充滿了煙雲，那時我說，禍哉，我滅亡了，因為我是嘴唇不潔的人，又住在嘴唇不潔的民中，又因我眼見大君王萬軍之耶和華。有一撒拉弗飛到我跟前，手裏拿著紅炭，是用火剪從壇上取下來的。將炭沾我的口說，看哪，這炭沾了你的嘴。你的罪孽便除掉，你的罪惡就赦免了。我又聽見主的聲音說，我可以差遣誰呢，誰肯為我們去呢。我說，我在這裏，請差遣我。」

以賽亞書六章一至八節的這段經文，描寫了一個神人相遇的場面，記述了一個神人相遇的經歷。這段經文常被引作崇拜的一個例子，因為當中包含了多項崇拜的元素，十分值得我們參考，值得用作檢視自己的崇拜。

一、神主動的臨在——「我見主坐在高高的寶座上。」若單憑人的智慧，實無法尋找到這位又真又活，世上唯一的真神。若不是神親自的啟示，我們實無法明白神的大愛。今日我們自覺有空閒、有心情、有自己喜愛的音樂或講員才出席主日崇拜，誤以為崇拜的主導權在自己手中，卻忘記我們今日有健康、有氣息，皆是神的恩典，敬拜神本是回應神大愛理所當然的方式。神是崇拜的主角，這是不變的基礎。

二、人看到自己的罪——「那時我說，禍哉，我滅亡了，因為我是嘴唇不潔的人。」神榮耀的臨在，映照出人的污穢。神鑑察人心，我們在祂面前實無法掩藏自己內心的罪惡。今日崇拜常重視慶典(celebration)，高舉歡喜快樂的唱詩讚美。但惟有我們真心承認自己的罪，才得神的赦免；惟有得到神的赦免，才能坦然無懼的來到神的寶座前；惟有親身體驗神赦罪的慈愛，才有真正歡喜快樂的敬拜。喜樂不是一個口號，一個外表的形態，喜樂是心態，是經歷神慈愛後的自然流露。

三、人需要回應神的召命——「我在這裏，請差遣我。」崇拜不單是輕鬆的經驗，也是非常嚴肅的時刻。因為神向人說話，神向人發出召命，而人是需要回應神召命的。神的召命可能要我們放棄現時所擁有的事物，放下現時我們看為寶貴的東西；神的召命可能需要我們走上一條前路未明、學習信靠順服的道路。崇拜不只是一個如演唱會般，只有令我們輕輕鬆鬆feels good的集會。崇拜可能不單不能令人feels good，反而會令人不安，因為崇拜帶來生命的拆毀、價值觀的重整。崇拜是一個令生命改變，更明白神心意的歷程，帶來敢於回應神召命的抉擇。

以賽亞書所描寫的這個神人相遇的經歷，不是唯一的經歷，當中所展示的崇拜模式，也不是唯一的模式。但經文卻給我們看到今日我們崇拜可能已遺忘了的東西。弟兄姊妹，我們崇拜是否只為了一己的喜好或feels good的感覺呢？

「聖哉！聖哉！聖哉！萬軍之耶和華，祂的榮光充滿全地。」滿有威榮的主，求祢幫助我們在崇拜中看見祢的榮美，並且省察到自己的罪污，同時又能甘心樂意回應祢的召命。阿們。

真正的讚美

「你們要讚美耶和華，耶和華的僕人哪，你們要讚美，讚美耶和華的名。」我們很容易在詩篇裏找到與上述相類似的經文。詩人在詩篇中時常提醒我們要以讚美的歌聲來敬拜我們的神。那怎樣才是真正的讚美呢？

有時我們會聽到會眾解釋，因為他們不喜歡某類歌曲，所以很難以那些詩歌唱出讚美之聲。會眾表示，他們在崇拜只喜歡唱一些他們所喜歡和熟悉的詩歌。換言之，在他們心目中：

※ 在崇拜中能發出讚美的歌聲，是因為能唱到一些喜歡的歌曲；
※ 引吭高歌，是因為非常享受唱歌的樂趣；
※ 能陶醉在讚美聲中，是因為音樂帶來感觀上的歡娛。

因此，如果他們在頌唱中找不到由音樂帶來的喜樂，便大大減低他們讚美神的熱誠與興趣。

英國著名作家、神學家魯益師（C. S. Lewis）在其著作《詩篇擷思》一書中，對讚美有一個很好的詮釋。以下的內容是引述自該書的第九章的「淺談讚美」。

「剛信主的那段時日，每聽教會人士大聲疾呼我們應當讚美神，並且宣稱這是神自己要求的，我總不免疑竇叢生。人若強迫我們讚美他的德行、才智和性情，有誰不鄙視他？我們更瞧不起成天阿諛獨裁者、工商鉅子和名流的人。

但現在我已明白，當我們説一幅畫值得或令人賞愛時，乃是指賞愛它是對它應有的充分而恰當的反應，並且，這樣賞愛它絕不會錯愛它；若有人不懂得賞愛它，徒然顯出自己缺少鑑賞力，愚鈍到任由美好的事物流失掉。藝術品和許多大自然的景觀之所以值得、配得，甚至要求人欣賞，便是基於同樣的道理。

神正是這樣的一位——人若懂得敬佩祂、欣賞祂，心靈便能醒覺，便能進入真實的世界；若是不懂得欣賞祂，等於錯過了最偉大的經驗，終至失落一切。

但是，不管讚美的對象是甚麼，有關讚美是顯淺的事實，直到現在我才察覺出來。向來，我總是從稱許或敬拜的角度領會它，從未注意到當人陶醉在某件事物中時，自然會對它湧出讚美，除非羞澀或怕煩擾人，才刻意保持緘默。其實，發出讚美愈多的人，往往是最謙虛、心智最均衡、胸襟最寬廣的人。

從前我覺得讚美神是件為難的事，現在想想，實在有點荒謬。面對宇宙中最可貴的一位，誰都樂意讚美祂——我們怎能不讚美自己看為可貴的東西呢？如果一個生靈能盡其有限潛能所可臻至的完滿地步，充分地欣賞、愛慕和享受一切事物中最寶貴的神，並且每一片刻都能將這賞悦之情隨心所欲抒發到極致，那麼，這個人可説已進入了極樂境界。」

希望魯益師這篇文章提醒我們：
真正的讚美不是建基於詩歌和音樂，乃是發自內心對神的讚歎。

真正的讚美不是源自個人的喜好，乃是源自內心對神的喜悅。

真正的讚美讓我們學懂怎樣去賞悅神的真、善、美。

真正的讚美讓我們更深體會神的大愛。

你可有檢視，你讚美的動機是甚麼？你的歌聲是否真正的讚美？

「我觀看祢指頭所造的天，並祢所陳設的月亮星宿，便說，人算甚麼，祢竟顧念他；世人算甚麼，祢竟眷顧他！」求主讓我們重拾那份對主的榮美之敏感，重獲那份對主的愛顧之喜悅。阿們。

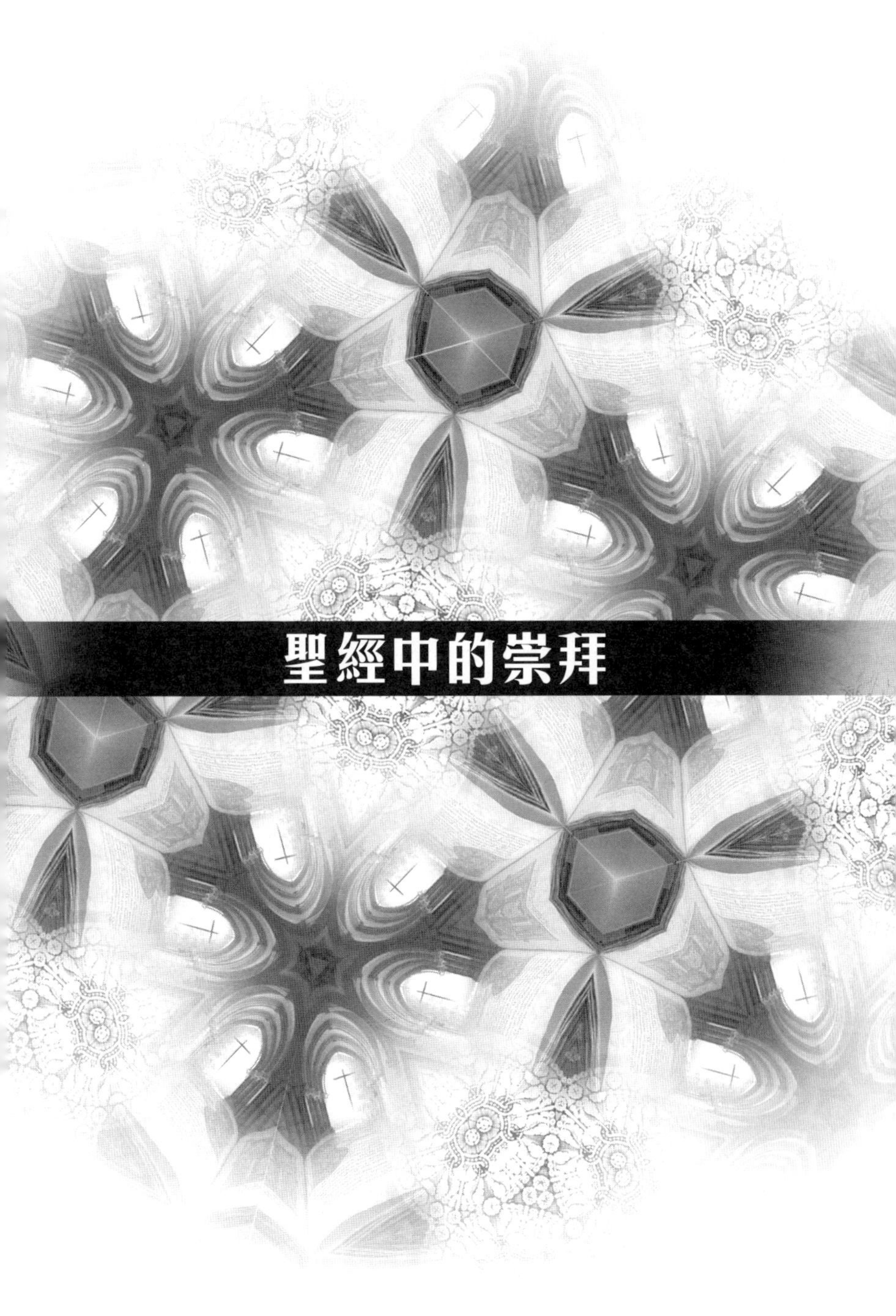

聖經中的崇拜

從聖經看「敬拜」真義

上文初步探討了崇拜的定義和意義，讓大家對崇拜先有一個起碼的了解。本文嘗試從崇拜這個字，看看它在聖經中的意義。

把一篇文章由一種語言翻成另一種語言，在翻譯的過程中，文章原先的意思可能會因語言結構、文化或種種原因而被誤會或扭曲。因此，為要明白文章原本的意義，最好是翻查原文，尋根問底。在聖經原文的希伯來文和希臘文中，有幾個字都翻譯成英文「敬拜」這個字。若我們了解這幾個字在原文的意思，便可幫助我們更明白敬拜這個字背後所蘊含的意義。

第一個和崇拜有關的希伯來文出現在創世記十八章二節：「舉目觀看，見有三個人在對面站著，他一見，就從帳棚門口跑去迎接他們，俯伏在地。」當中「俯伏」這個字，是身體的姿態，但也表達一個人在尊長、君王或神面前所呈示的謙卑、順服，以及承認自己微小的態度。同樣的字在出埃及記十二章二十七節出現：「於是百姓低頭下拜。」當中「低頭」也有著與「俯伏」相同的意思。此外，出埃及記三十四章八節：「摩西急忙伏地下拜」和撒母耳記下十四章二十二節：「約押就面伏於地叩拜」這兩段經文中的「伏地」，也帶有拜倒、俯伏在地、降服、叩拜的意思，同時亦描寫了敬拜者對所敬拜對象的精忠和順服的態度。

與上述希伯來文同一意義的希臘文，可分別在馬太福音八章二節、使徒行傳十章二十五節和啟示錄十九章十節找到：「有一個長大痲瘋的來拜祂說」、「彼得一進去，哥尼流就迎接祂，俯伏在祂腳前拜祂」、「我就俯伏在祂腳前要拜祂。」這三段經文所用的「拜」和「俯伏」，都顯示敬拜者謙卑、敬虔、順服的態度。

第二個字，我們可以在出埃及記三章十二節：「你們必在這山上事奉我」、出埃及記八章一節：「容我的百姓去好事奉我」，及申命記十章十二節：「盡心盡性事奉祂」這三段經文找到。經文中「事奉」這個字，在希伯來原文中也是用來形容崇拜的。這個字原意是指奴僕對主人的服事。奴僕沒有自主權，因為他所有的權都是主人的。他必須對主人絕對的順服，無條件的遵命。字的原意也可以用來形容君王與庶民的關係，人民必須臣服於君王。

希臘文中也有「事奉」這個字。在羅馬書十二章一節：「你們如此事奉，乃是理所當然的」、希伯來書九章十四節：「祂的血豈不更能洗淨你們的心，除去你們的死行，使你們事奉那永生神麼」，及啟示錄二十二章三節：「祂的僕人都要事奉祂」中，也有運用「事奉」這個字來形容人對神的敬拜，表示敬拜者必須聽命於神，對神絕對的順服，敬拜者必須確認神是他生命的主宰，遵行主的旨意。

上述與敬拜有關的原文讓我們明白，敬拜不在乎形式，而在乎敬拜者的心態。

今日當我們進到神的殿敬拜的時候，我們未必會用上跪下、俯伏等的動作(有些禮儀派的教會今日仍有跪下祈禱的傳統)，但我們有否抱著上述經文所描寫的敬虔、順服、謙卑、全然降服的敬拜心態呢？

昔在、今在、永在的全能者，祢是阿拉法，祢是俄梅戛。感謝祢永不改變的慈愛。我們願意在祢面前謙卑俯伏，盡心、盡性、盡意、盡力地來向祢敬拜。阿們。

聖經不同的敬拜主題

本文希望與讀者從聖經看看幾處有關不同敬拜主題的記載。

創世記第一章把我們的注意力帶到「神是創造主」的主題上。神在萬物被造以先已存在，萬物被祂所造並為祂而活，一切美麗的事物皆出於祂手。被造物應以敬畏、感恩、順服和愛去回應神。

出埃及記十五章可以說是聖經中第一篇頌讚的詩篇。摩西在此展示了一個充滿喜樂、活力的敬拜。敬拜那位從欺壓者手中釋放他們出來的神。這舊約中拯救的故事預表了將來基督的救贖。

詩篇二十七篇和八十四篇幫助我們明白敬拜神的重要性和優先次序。敬拜是人一生一世不斷尋求的事。敬拜使我們確實知道耶和華神是我們的亮光、性命的保障、恩惠和榮耀。

詩篇一百四十五至一百五十篇強調頌讚在崇拜中的重要。唱歌不是音樂人專有的特權，而是每一個敬畏神的人對神的自然表達。聖經中人常以唱歌來頌讚神的榮耀與大能。詩人提醒我們要向神唱新歌，因為我們每天都經歷神的恩典，一天新似一天。我們不單可用口歌頌，也可用各樣的樂器來讚美。

尼希米記七至十二章重申敬拜神的首要性。耶路撒冷城牆建成的時候，首先要做的就是敬拜神。 人民不單心志上預備敬拜——潔淨自己、禁食認罪；在行動上也都全然的投入——獻祭、低頭面伏地、鼓瑟、彈琴、唱歌讚美。

以賽亞書一、二十九及五十八章說明神厭惡偽善的敬拜：「你們不要再獻虛浮的供物……你們要洗濯自潔，從我眼前除掉你們的惡行。」「百姓親近我，用嘴唇尊敬我，心卻遠離我。」神所看重的不是外表的敬虔，而是內心的敬畏、聖潔、順服。

使徒行傳二章描寫信徒對神的話語、祈禱、肢體相交和擘餅記念主的重視。當中他們切實經歷神的同在，聖靈改變人心的大能，並肢體相交、同心禱告的甜蜜。

羅馬書十二章和加拉太書第五章講述敬拜是一種能完全改變人心的生活模式。敬拜不是只在星期日崇拜中唱唱詩歌的舉動，它含有一個更深層的意義和要求。一個真正的敬拜者，他所過的是一個願意順服、甘心全然呈獻的生活形態，好像羅馬書十二章所說：「將身體獻上，是聖潔的，是神所喜悅的，你們如此事奉，乃是理所當然的。」真正的敬拜是靠著聖靈的引導及保守，過每天與神同行的得勝生活。

啟示錄四至五章描述了一個在天上的敬拜。當中聖潔的主被高舉、俯拜、頌讚和尊崇。這段經文再次提醒神是我們唯一敬拜的對象，這道理及原則延伸至將來天上永恆的敬拜。

敬拜神只有一種形式嗎？敬拜是以滿足人的需求而作的首要任務嗎？敬拜的內容只有唱詩嗎？敬拜只是星期天個多小時的活動嗎？敬拜只是一個責任嗎？

掌管歷史的神，感謝祢讓我們透過聖經的記載，藉不同羣體的實踐，開闊了我們對崇拜的視野，反省我們崇拜的現況。阿們！

（本文意念取材自美國達拉斯神學院教授Ronald B. Allen的著作*The Wonder of Worship: A New Understanding of the Worship Experience*。）

正視「敬拜」真諦

在筆者任教的「崇拜工作坊」一科，我將全班同學分作若干小組，每組約四至五人。其中的一個學科要求，是要每一組同學負責編排和帶領一個神學院早會的崇拜：由構思主題、內容和流程，以致實際帶領。記得在一次的課堂上，其中一組的同學們正向全班講解他們負責編排的崇拜程序。負責講解的同學說：「我們所編排的崇拜是一個復活節的崇拜。崇拜開首的十五分鐘是敬拜時間，然後是祈禱和誦讀一段經文。跟著是講道，然後有……」當同學講到這裏，筆者按捺不住，立即打岔問道：「你們所編排的崇拜只有十五分鐘嗎？其中你所提及的祈禱、讀經、講道等不是崇拜的程序嗎？」那位同學聽見筆者的問題後，立即嘗試多番解釋，但班中其他的同學則笑說：「坦白從寬，快些承認錯誤吧。和老師對著幹沒好處！」

這課堂上的一個有趣小插曲，呈現了現行流傳的一個講法和崇拜觀。試問讀者，那位同學錯在哪裏？錯誤就是在於他說的「敬拜時間」。以今天來說，大多數信徒都會明白所謂「敬拜時間」是指唱詩的音樂時段，我們也習慣稱之為敬拜讚美。但當我們細心檢視這個說法時，我們會發覺，其實整個崇拜都是敬拜的時間。正如筆者這書的其他文章亦討論到，我們可以以安靜、禱告、聆聽、奉獻等來敬拜。唱歌只是敬拜的其中一種方式或行動。

此外，根據歌詞的內容，我們可以發現，不是每一首詩歌都是讚美的詩歌（讚美詩歌的對象應該是神）。有些詩歌是安慰，有些可能是我們向神的祈求，有些詩歌可用來悔罪，有些詩歌用來感恩，也有些詩歌可用作信徒間的彼此勉勵。如果我們以敬拜讚美來統稱唱詩，實在削弱了詩歌的實際價值。

記得有一次《時代論壇》曾刊登過一篇文章，指在一次崇拜裏，首三十分鐘是唱詩的時間，當三十分鐘過後，所有負責帶領音樂的弟兄姊妹都紛紛下台，他們不是要到台下就坐，讓講員上台開始他的講道，而是他們拉隊離場，因為在他們心目中，覺得敬拜的時間已經結束。過往以講道為中心的崇拜，我們誤以為只有講道的時段才是敬拜的時間，同樣地，我們今日誤以為只有唱詩的時段，才是敬拜的時間。

詩篇時常提醒我們「你們要讚美耶和華，向耶和華唱新歌，在聖民的會中讚美祂」（詩一四九：1），但我們也不要忘記「用詩章、頌詞、靈歌，彼此教導，互相勸戒」（西三：16）。詩歌既有向上——向神讚美的向度，也有橫向——信徒彼此和互相的向度。依筆者個人的看法，我們可以把敬拜讚美說成「以歌唱來敬拜神。」這個說法的好處，包括：第一，讓我們明白敬拜是指整個主日崇拜的時段；第二，沒有規限了詩歌只有讚美的內容；第三，我們不單能透過唱歌來讚美神，我們也可透過朗讀經文、讚美的禱告，甚或是朗誦一篇詩來讚美。

讀者們，你對「敬拜讚美」這個說法有何意見？

求主幫助我們重視崇拜中的每個環節，以致我們能以讚美、禱告、感恩、悔罪、聆聽和奉獻等行動來敬拜祢。阿們。

專文：舊約中的崇拜

羅慶才
(美國南方浸信會神學院舊約研究哲學博士、香港鑽石山浸信會主任牧師)

(一)

要了解舊約中的崇拜，我們有多個角度可以選擇，包括：族長的記載、律法(即祭司)的吩咐、歷史書中的資料、詩篇中的描述、先知的教導和智慧文學中的談論等。然而，這並不等如我們可以從這豐富的資料和陳述中，把舊約時代的崇拜作完整的重構，在方法論上這並不可行，因為舊約中根本沒有把一個「完整」的崇拜程序或儀節記載下來。在教會圈子中，以賽亞書六章一至八節經常被用來解說現代基督教教會崇拜的神學意義，但實際上這只是現代的信徒把自己所熟悉的崇拜理念，套用在這段經文上而得的結果，經文本身所記載的是一個異象，場景是在天上神的宮殿中，主題是關於先知從神領受特殊的差遣，內容並不是敬拜活動的記載或描述。

事實就是舊約時期的崇拜有很多地方對現代信徒來說是很怪異和難以理解的，我們必須正視這差異的存在，切忌過於簡化地把現代人所認為理所當然的結論強加在舊約的記載上，如此行是犯了解經和神學上的大忌。

(二)

或許我們可藉這問題作出發點：根據舊約的記載，甚麼元素是崇拜中所必須存在或具備的？答案就是一個個人，和對神的作為發自心底的回應。從族長時代到大衛、所羅門的黃金時期，不論是最簡單的個人性獻祭（如創十二：7-8），或是最為繁複、華麗、莊嚴的敬拜（如王上八），任何崇拜都離不開這基礎。沒有人，當然也就沒有崇拜能進行，但沒有內心對神的回應，即使有更多人，也不會有崇拜進行。從這角度看，人敬拜神並不需要任何附加的設備或儀節。

最好的例子莫如該隱和亞伯的獻祭（創四：3-5），這是舊約中最先出現的有關獻祭的記載，也包含了上述不可或缺的元素。這記載其實是很扼要的，沒有任何多餘的細節。整個獻祭的過程十分簡單，甚至連祭壇也沒有提及。更值得注意的，就是經文雖然沒有解釋兩人獻祭的原因，但從兩人都是從自己工作所得中拿出部分獻上這點，就看出這樣的獻上，感恩是最主要的動機，而其不經意的描述讓我們覺得，兩人分別把自己勞力所得的獻上，是很自然而然的舉動。

但既然如此，為何舊約中卻記載了這麼多繁複而難明的禮儀細節？這些條文讀來十分僵硬、死板，甚至過時「老套」，那麼人要向神敬拜之心豈不被窒息了嗎？在回答這問題時，我們要了解這些規條的由來：這些儀節其實發揮了很重要的作用，就是幫助愛神的人能夠在一個有秩序的環境下向神表達心中的愛慕，若沒有這些條文的幫助和提醒，即使有最好的動機，人仍會各隨己意地親近神，如此，敬拜神這美事就會陷入一片混亂之中，無法達到敬拜神的目的。更何況當時以色列人的周圍有不少異教的影響和衝擊，若沒有這些規矩，人怎樣可以分別出所敬拜的是耶和華還是巴力呢？所以，舊約中所記載的儀文規條，其實具備了教導的作用，幫助人明白甚麼是以神為中心的敬拜。其實，這作用在任何一時期的敬拜和神學傳統中都存在，在我們看來是過時或僵化的儀式，其實有極為重要的作用，就是教導、訓練、培養信徒在面對神、當置身在神的同在當中時所應有的心態。禮儀是用身體動作所表達出來的神學。

就如河道能駕馭著洶湧澎湃的山洪，把其破壞力改變成建設的力量，禮儀也能發揮類似的作用，讓人能有秩序、理智和合宜地把心中對神的感恩，表達出來。

(三)

前面説到崇拜是需要有人的參與，所以敬拜者本身的狀況和處境也是需要注意的。甚麼樣的人才能參與崇拜呢？就是在生活為人上能反映主的模樣的人，詩篇十五和二十四篇三至六節是極好的例子。經文所陳述的，並非「行為主義」或「律法主義」，而是嚴謹的屬靈的操練，因為人若要達到這境界，就必須持守和遵行神的吩咐和教導，這樣的順服只能產生自一顆愛神的心（申六：5，6-9），所以在舊約對敬拜的教導中有很明顯的道德方面的要求，彌迦書六章六至八節可説是這方面的典範。

從經文中我們彷彿看見一個很敬虔的人，站立在聖潔的萬軍之主耶和華的面前，心中想知道如何才能把心中對神的感恩（參彌六：3-5）、崇敬、渴慕表達得透徹和完整。這時，出自一顆愛神的心，他想得到主的喜悅，所以他在心中盤算著該用甚麼祭品奉獻給神才能得祂的悦納？他很認真仔細地逐一檢視各個可行的選擇：是珍貴的「一歲的牛犢」(6節)嗎？是「千千的公羊，或是萬萬的油河」(7節)嗎？這些祭品雖然貴重，也價值不菲，但似乎離這人心中的理想還遠，還未足以表達出他心中對神的愛。最後，他作出了驚人之選：他的長子(7節)！這是無可替代，是獨一無二的，是他心之所愛，但倘若有此需要，他也樂意獻上！這樣的豪情壯志，堪與亞伯拉罕相比(參創二十二：1-14)。就在此時，傳來了先知的話語，原來他所當行的神早已有所說明，為何他竟然如此遲鈍？神所要求並非任何身外物，乃是人一生的愛和渴慕(8節)。若人願意專一地愛神，就行主所行的，就是「公義、憐憫」(另參賽一：11-17)。「與神同行」說明了敬拜神，與神相交時所必須具備的道德上的質素。「與神同行」故然是令人陶醉、神往、滿足的心靈的享受，但不要忘記神本身是公義的(申三十二：4)，與祂同行當然也包括了在公義的路上「同行」！

(四)

說到人的參與，現代教會很喜歡用「慶典」(celebration)來表達崇拜的意義，從舊約的教導來看，這是合宜的嗎？的確，從詩篇中，我們看見敬拜神是歡樂的事，其中有音樂、歌唱、跳舞，有關的經文，不勝枚舉，如：

義人哪，你們應當靠耶和華歡樂；
　　正直人的讚美是合宜的。
你們應當彈琴稱謝耶和華，
　　用十絃瑟歌頌祂。

應當向祂唱新歌，

彈得巧妙，聲音洪亮。(詩三十三：1-3)

然而，不可忽略的是在詩篇中有至少三份二的內容屬「哀歌」類。顧名思義，「哀歌」就是在哀傷的時候所誦唱的，所以我們可以推論説，在舊約中，崇拜有(很多時候)亦包含了悲傷、失望、難過、甚至埋怨在其中。若我們片面地認為崇拜都是「慶典」的話，那就大錯特錯了。

在這問題上，值得我們思考的就是令人哀傷的原因。當然，在詩篇的哀歌中提到各種各樣令人跌落低谷的因由，但我們可以把這些不同的原因歸納在一點上：神「失蹤」了，祂突然間從人的生命中消失了。在這情形下，敬拜的人就很自然地用哀歌表達其內心經驗。這樣，哀歌的存在，讓人明白到在舊約的崇拜中，其實有很大的空間給予心靈受壓憂傷的人。這豈不是很重要的神學信息嗎？試問有誰比心中憂傷的人更需要神？神特別「偏心」在愁苦中的人，是舊約對神一貫的認識(參撒上二：8；詩一一三：5-9)。在神那裏有空處為憂傷的人預備。

若照舊約的教導，敬拜神固然是令人興奮和歡樂的，但我們也要緊記神也樂意俯就哀傷的人，人在喜樂的時候親近神，可説是錦上添花，但若在憂傷時仍願意靠近祂，這是信靠的表示，而信靠神的人在悲傷中仍可經驗喜樂(詩十三：5-6)。

(五)

就舊約關於敬拜方面，最為人忽略的就是利未記中的記載。利未記所關注的是「潔淨」的問題，在這處境中，「潔淨」是一個禮儀觀念：不潔的人不能進到神面前，即不能參與任何敬拜活動，也不能進入聖所的範圍中。正因如此，以色列人就需要學習如何保持生活上的「潔淨」，其範圍包括食物（利十一）、身體上的狀況（利十二；十五），包括衣服和房屋（利十三；十四）、家庭生活，尤其是性方面（利十八；十九）。這些看來奇怪，甚至迷信規條的背後有這信念：人生活的每一個環節都會影響其敬拜生活；反過來說，人若要維持在神面前敬拜的資格，就必須要注重生活中每個環節。

從這些律法呈現出這幅圖畫：敬拜是人生活的核心，人所做的一切都是圍繞著這核心運行，以它為座標和方位。可能有人會覺得這圖畫是太美麗、太理想化了，從而會產生疑問：在現實中，舊約時代的人都確是這樣敬虔的嗎？這疑問當然有道理，但退一步想，即使舊約時代的人與現代人同樣地失敗，但這些經文無疑設定了一個標準和一個目標，鼓勵人不斷地努力向這目標前進，不斷地進步，不斷地更新。神期望這樣的人親近（敬拜）祂，神期望敬拜（親近）祂的人能開放其生活的每一部分，使生活中的瑣事和小節，都能反映出祂的聖潔和威嚴。

所以，現代的信徒，應該好好地自我反思，因為我們太輕易地把個人的需要作為核心，而對神的敬拜就需要環繞著這核心來運行。另一方面，「敬拜讚美」並非只能在某些特定的時段內方能進行，因為人的一日中每個時刻都應該在敬拜中渡過。

(六)

舊約雖然好像離我們很「遙遠」，但其中還有不少仍待學習的功課。

繼續努力吧！

當代崇拜省思

潮流文化對崇拜的衝擊

美國基督教更正教會出版的*Authentic Worship in a Changing Culture*一書指出，今日北美教會的崇拜，受了不少屬世潮流文化的影響。筆者深覺這些影響，也可見於我們今日香港的教會崇拜中。現引述書中的其中一些論點和大家分享。

一、**我們融入**(we fit)：今日的社會鼓吹開放、包容、共處、多元、平等。好處是我們有更大的兼容、更多的接納。但壞處是信徒那「分別為聖」的心態卻因此而減弱了，分辨信仰真理的能力被減低了，持守真理和聖潔生活的觀念也變得薄弱。對崇拜的態度是，我們著眼追求崇拜對會眾的適切性(relevant)，而忽略探究那些是崇拜裏必須持守的重要內涵。

二、**我們購買**(we buy)：今日我們身處的是一個消費和市場導向的文化。有人説廣告的作用就是向我們推銷一些我們不需要的事物。確實我們有時拙於分辨必須品和奢侈品。教會為了令崇拜更吸引人，更讓會眾受落，於是採用了市場導向，用家為本的方式，設法去了解會眾的喜好，以迎合會眾的崇拜風格和內容，取代了聖經、神學及歷史傳統的瑰寶。

三、**我們改變**(we change)：我們身處的是一個瞬息萬變的社會，科技的發明一日千里。我們覺得「改變就是進步」。因此我們不難發現，有很多家庭、社會及教會的傳統已不復見。在崇拜方面，有些負責編排、設計和帶領崇拜的兄姊，認為若要崇拜成功和吸引，須加入大量的新元素和驚喜，才令會眾不至沉悶，結果是崇拜中一些重要和必須保留的傳統已經蕩然無存。

四、**我們觀望**(we watch)：電視和電腦對人類的影響很大。電視不斷轉變的畫面，縮短了我們專注力的能耐。電視和電腦也令我們習慣以視像的形式來接收信息，我們喜歡看見多於聽見。此外，電視也訓練我們成為較被動的觀望者而非參與者。以上視像世界所帶來的影響，令我們崇拜時靜心聆聽的專注力減弱了，我們也不滿足於只有透過文本、聆聽和較理性的接收信息的方式。再者，我們坐在台下崇拜時，我們自然地覺得台上的是表演者，我們是觀眾。因此在崇拜中我們期望被娛樂，而非積極和主動地去參與崇拜。對神的話語，我們只停留於理性上認知的層面，而沒有在生命上有任何實質的改變。

五、**我們感受**(we feel)：電視製作人所關注的，是觀眾的感觀反應，因此他們著意營造各樣氣氛和煽情的情節，目的是要吸引和操控觀眾的情緒和感受。電視節目的好壞，也取決於它是否能夠令觀眾得到情緒上的舒緩和發泄。我們帶著收看電視的模式出席崇拜，我們期望得到情緒和感觀上的滿足，但可惜我們所著眼的只是個人情緒上一種感觀的滿足。我們誤以為崇拜是為了個人的滿足而非向神的呈獻。

弟兄姊妹，以上所論述的潮流文化，究竟對我們的崇拜帶來多大的影響？究竟我們對這些影響視而不見抑或採取積極的態度來處理？

「惡人當離棄自己的道路，不義的人當除掉自己的意念，歸向耶和華，耶和華就必憐恤他。」主啊，求祢赦免我們的軟弱，憐憫我們被世俗所污染的心靈。求主加力，使我們能在邪惡的世代中為鹽為光。阿們。

敬拜與無線咪

每年神學院在學期初都會舉辦一次師生同樂日，希望透過郊遊或遊戲，以輕鬆的形式，增進師生間之了解和感情。記得有一次同樂日，筆者應籌委會的邀請在玩集體遊戲前，帶領大家有一個約二十分鐘的敬拜時間。為了配合當天的內容和場地（室內球場），筆者捨棄慣常在領敬拜時所穿的西裝、領帶和皮鞋，改穿T恤、牛仔褲和網球鞋，亦棄用平常如指揮詩班的領詩動作，變為手執無線咪領唱。事後有一些同學向我表示，喜歡我用這種「現代」的敬拜形式，並表示雖然筆者一向慣於以傳統方式領會，但對於這類現代敬拜，筆者在帶領上也能勝任。

筆者對他們這些意見，實在感到啼笑皆非。因為當日我所選用的詩歌，包括在傳統詩集中常見的《這是天父世界》。此歌歌詞寫於一九〇一年，音樂寫於一九一五年。另筆者亦選用了《祢真偉大》，詩歌的曲詞均於五十年代寫成。另再加上「齊唱新歌」早年的作品《生趣》。此外，在崇拜中我選用了兩段由十二世紀修士聖法蘭西斯所寫的祈禱文。從取材來說，這些都不是一般人心目中所說的「現代敬拜」所用的材料。因為現時我們通常稱為「現代敬拜」中所選用的詩歌，大都是指這十多二十年所寫的一些現代詩歌。至於祈禱，也是較少會用上數百年前的禱文。那究竟是甚麼原因令同學們覺得這是一個「現代」的崇拜呢？細問之下，原來他們覺得手執無線咪是現代敬拜的表現！

今天我們生活在一個著重包裝、外表的年代。就以廣告為例，著重點只在商品的外表設計，例如顏色、形狀、尺碼，而較少介紹產品的功能和實際用途。用家所關注的，可能是產品能否趕上潮流多於自己是否需要購買。我們所關注的是外表多於內涵。

我們對崇拜的訴求，是否也只著重外表和形式，而忽略內涵呢？就以剛才的例子來說，人們介定崇拜是否「現代」，只基於很表面的表達手法，而忽略了內容。筆者想問：

※ 一個講道的教導信息完全針對教會的現況，詩歌雖然全部選用傳統聖詩，但歌詞內容完全吻合講道內容和整個主題的崇拜，可以算得上是一個「現代敬拜」嗎？

※ 一個全部選用現代敬拜詩歌，但講道沉悶，內容信息與今日生活沒有任何關係的一個崇拜，稱得上是「現代敬拜」嗎？

※ 一個用上禮儀派教會傳統慣常的禮儀，而詩歌則只選用現代創作的讚美短歌，講道內容又十分生活化的一個崇拜，又可否算是一個「現代敬拜」嗎？

如果敬拜能改變人心，究竟是崇拜的形式和外觀，抑或是崇拜的內容和當中所傳遞的道能夠改變敬拜者的心？今日有人高呼某一形式的崇拜才是真正的崇拜，他們所指的是敬拜的形式抑或是內容？當今日信徒高舉某一類形的崇拜，他們所高舉的是崇拜的形式抑或崇拜的內涵？當敬拜的經驗被單一化和唯一化，那當是我們要小心檢視的時候。一連串的問題，你的答案是甚麼呢？

「不要效法這個世界，只要心意更新而變化，叫你們察驗何為神的善良，純全、可喜悅的旨意。」求聖靈啟迪，在紛亂的世代，能分辨是非黑白，持守真理。阿們。

你的崇拜觀是甚麼？

前一陣子在電視的英文台看到了一個有關教養兒童之節目。內容講述一個有關家庭的研究。當中訪問了幾對夫婦，他們都有一個相似的情況，就是他們在第一個孩子出生後，便一直沒有享受過夫婦二人外出的樂趣。主要因為每次當他們想留下孩子在家，單單夫婦二人上街，孩子便會大哭大嚷，不准他們離開。基於心軟，不忍心看見孩子痛哭，他們便會打消外出的念頭。

節目中的兒童心理學家指出這些夫婦的問題，就是每次外出前，他們都會和孩子商量，希望獲得他們的批准。其實這個做法，就正正是問題的所在。原來對於一個兩、三歲的小孩子來說，「可否外出」是一個非常難作決定的難題，遠超他們能力所能處理。但可惜父母卻將一個這樣的難題要他們解答，他們唯一的反應就是只有發脾氣、鬧情緒。在節目的後半，我們看到父母在孩子大哭的情況下，仍然硬著心外出。跟著在隱藏的攝影機拍攝下，我們卻看到小孩子在父母離家後不夠五分鐘，便已停止了哭嚷，並且和臨時褓姆開心地玩耍，完全忘記了父母外出這件事。

在看完這個節目後，筆者忽發奇想，想知道今日教會是否也同樣把一個會眾無法解答的難題，要他們去處理呢？這個難題就是：「會眾希望有一個怎樣的崇拜？」

在傳統與現代崇拜的爭議下，在一片崇拜更新的呼聲中，我們發現有些教會在這個新舊交替的過程中，在教會對崇拜取向未有定案之前，向會友發出一些意向調查問卷，希望從中獲知他們對崇拜的一些意見。這個做法本是不難理解，因為教會是屬於大家的，教會以民主的方式詢問，多些了解會眾的想法，也不失為一件美事。但我們要反問，會眾所提供的答案和意見，是否一個正確的答案呢？

在過往的文章裏，筆者曾經指出崇拜學是教會一向忽略的範疇，因此，會眾較少有機會接受這方面的教導。當會眾被問及這方面的問題時，他們所提供的答案可能只根據個人主觀的感受，而不是來自對崇拜學的了解而作答。如果會眾沒有對崇拜學的認知，他們可能只可指出他們不喜歡的事物，但卻無法列出他們希望要得到的事物。他們的答案只可作一個參考。

我們若想更深認識自己的信仰，必須下苦工，用心的研讀聖經和神學。教會設立主日學，就是希望透過有系統的聖經研習，幫助會眾在聖經知識上進深。同樣道理，我們若想了解崇拜學的真義，必須從聖經對崇拜的描述、神學對崇拜的理性反省及歷史對崇拜的記載等方面作全面的了解，而不是單憑直覺和感受。教會若想崇拜有更新，必須和會眾在崇拜學上先行扎根，讓會眾更明白崇拜的真義。耶穌曾說：「神是個靈，所以拜祂的必須用心靈和誠實拜祂」(約四：24)。當中心靈是指感性，而誠實是指理性。真正的崇拜必須既有理性亦有感性。

我們須有正確崇拜觀，才能產生正確的崇拜。教會在會眾正確崇拜觀上的教導是責無旁貸。今日教會有否把回答崇拜學上的難題放在會眾的肩頭上？

主啊，我們為每一位教牧和教會領袖禱告。求祢賜給他們愛心、睿智和能力，以致他們能身體力行，教導會眾正確的崇拜觀。阿們。

專文：敬拜讚美的省思

簡英材

（美國西南浸信會神學院音樂藝術博士、台灣高雄聖光神學院音樂專任副教授兼音樂中心召集人）

敬拜的定義

敬拜的定義可分為狹義和廣義的。Worship在中文有三種翻譯法：崇拜、敬拜和禮拜。狹義的崇拜、敬拜、禮拜就是星期天在某個教會，一段特定的時間、特定程序的安排、特定音樂風格的使用，人回應上帝的呼召。廣義的敬拜，則是指任何地點、時間、方式、任何音樂風格的運作來敬拜讚美上帝，要盡心、盡意、盡力、盡性愛主你的神。當我們指敬拜讚美也有狹義和廣義的定義，大部分的時候是談狹義的敬拜讚美，意指這一、二十年來一種新的敬拜方式：古典聖詩被流行短歌取代、敬拜團取代詩班、詩班指揮換成敬拜帶領者、古典的換成現代的樂器；從聖壇禮儀到舞台表演，從坐著聆聽默禱進入起立拍掌進而手足舞蹈，可是我們的敬拜有沒有真正的更新？甚麼是廣義的敬拜讚美？廣義的敬拜讚美意指古往今來，從個人的靈修禱告敬拜，以致於任何一個基督徒羣體，在上帝面前的歌頌讚美奉獻都是敬拜讚美，跟他使用的素材、方式、音樂風格沒有絕對的關係。從這個定義來說，敬拜讚美在時間上是從亙古到永遠，在地上兼具各式各樣的風格，同時又跨越種族、國籍、文化的界限，顯示在上帝國裏的合一。

兩大影響

根據赫士德(Donald Hustad)的觀察，影響今日崇拜儀式最深的乃是靈恩復興運動及教會增長運動，二者都摒棄舊有的形式與象徵記號，加上影響教會的流行文化因素，如：個人主義、消費主義、電子媒體音響的風行、流行音樂的盛行等，以下簡述兩大運動的特點。

靈恩復興的崇拜

敬拜讚美音樂的由來包括法國泰澤修道團體的詩歌、紐西蘭的大衛葛瑞特的《聖經之歌》、美國加州的歐文斯的《輪唱曲》、辛可爾的短歌《哈利路亞》等。其特色是歌詞簡潔且反覆多次、曲調容易、音域窄小、易表達情感、以樂器伴奏及拍手節奏等，容易被大眾接受與流行。靈恩派領袖設計的崇拜形式是效法舊約試圖藉由歌頌讚美恢復大衛約櫃的敬拜儀式，聚會由外院開始，再帶入屬靈的至聖所；由感恩進入讚美，進入神同在之處；再順從聖靈的帶領，此時才算是真正崇拜的開始。因此靈恩復興運動鼓勵信徒讚美神，使信徒從心裏湧出讚美來是聖靈所帶來的果子，然後就能自然流露而出的靈恩式的讚美以及説方言。靈恩派教會認為讚美可幫助人打開空間進入崇拜，是基督徒生活的全部，而讚美是狂喜一體的兩面，所以讚美所帶來的果效就是使神在人們心中作王。

靈恩派崇拜的基本特性與理由均相當正確，如：崇拜僅為敬拜神，無其它特殊目的；敬拜神是信徒的工作非神職人員的專利；敬拜是全人的投入等皆能再次提醒並且挑旺信徒的敬拜，但其聖經神學的爭議性；讚美的涵義應更廣泛；崇拜應兼顧感情與理性的平衡，並且追求更好的崇拜音樂品質與技巧等尚待評估。再則只唱敬拜讚美短歌並且將其他的福音詩歌、教導真理的詩歌、認罪或順服等的詩歌撇棄，也是對讚美的認知太狹隘的結果。更大的隱憂在於許多非靈恩派教會不分青紅皂白盲目模仿的做法，令人擔心。

為教會增長的崇拜

現代教會為了要吸引一羣受不了「古板、無聊、與生活毫無相關」的崇拜模式之世代，而改變了整個崇拜儀式，這種為教會增長的崇拜有下列幾個特點：

一、氣氛傾向於非正式；
二、無傳統敬拜中的代表性事物；
三、會眾唱的都是讚美與敬拜的詩歌；
四、獻唱的詩歌均是流行風格的音樂；
五、有配合講道內容演出的戲劇；
六、禱告的具體化；
七、鼓掌；
八、講道內容簡單、直截了當。

教會增長式的崇拜不僅暫時提供一種傳福音方式，同時也提倡偏重某一羣年紀的人，且根據統計數字與業績導向來設定崇拜，其隱憂在於為傳福音或娛樂會眾的設計，有破壞傳統的危險，過分崇尚新形式而摒棄舊方式並不一定是屬靈的復興，有時甚至是開倒車，令人無法體會神同在的奧秘與敬畏。崇拜的目的不是為帶給會眾愉快或激發他們的情感而已，崇拜是事奉，整個過程應該是生動活潑，且井然有序，可表達聖經全備的真理，可盼望聖靈的澆灌與更新，並且有計劃的令人期待與神全然相遇。

台灣敬拜讚美的源起

台灣的敬拜讚美，從一九八〇年中期開始逐漸發展。資訊方面先是由榮光聖樂資訊中心（現榮光傳道會）代理美國Maranatha公司的讚美系列音樂與翻譯開始，進而以琳音樂事奉中心又引進美國另外兩大音樂敬拜的系統，包括葡萄園教會（Vineyard）的系列、和撒那（Integrity Hosanna）公司的系列。由於經營的目標與規模不同；榮光出版多類型的教會音樂，以琳專注於敬拜讚美，有後來居上的趨勢，因此台灣敬拜讚美相關的出版不論取材、資料和翻譯都是以他們為主。

代表人物方面，韓國河用仁宣教士在八〇年代末期，開始萬人敬拜讚美的運動，並且開辦敬拜讚美學校，當時台灣有人專程跑到韓國去學。之後，以琳音樂事奉中心引介河宣教士來台灣舉辦敬拜讚美學校，參加的人數多則兩、三千。藉著代理敬拜讚美系列之便，以琳與榮光亦先後引進了北美不同的團隊來做訓練與交流，包括《神同在》的作者唐蒙恩（Don Moen）、《如鹿切慕溪水》的作者納斯君（Marty Nystrom），前幾年剛來台灣訪問的布魯克林會幕堂詩班等。

具體建議

經過這十多年的發展，歷經大小不同的訓練會、特會等，筆者在參與觀察台灣的敬拜讚美時，發現一個基本的現象，就是當我們在學習別人的敬拜讚美時，並沒有深入了解對方的文化背景與特質，其中的精髓與內涵，而停留在一些外表的模仿與「招數」的學習，因此最後的成果跟原本的期待常大異其趣。我們都會同意，美好的音樂敬拜不但令人感動，並且使我們得著身心靈的釋放和屬靈的成長，如果敬拜讚美是教會勢在必行的事奉，我們應當如何按部就班的發展？

首先要有異象，「若無異象，民就放肆」。我們需要禱告尋求，到底上帝賜給我們這個教會，在音樂敬拜事奉的異象是甚麼？雖然我們福音的大使命是一致的，在音樂敬拜上的發展，卻因著教會的異象、文化、特質而有所不同，若不清楚上帝獨特的帶領，而一味的追求流行，或持守著古老的傳統，以不變應萬變，過猶不及，都是危機。

再則清楚的目標，清楚明白上帝的託付，下一步就要訂定具體的目標。舉例來說，若教會希望有敬拜團做敬拜讚美，則需要有整體的規劃：預備時間多久，標準在哪裏；從人的選召、訓練，器材的採購，會堂硬體的調整等；進一步人力的組織，如何按靈命、才能、恩賜授權，分工合作，彼此成全；在預算上如何精打細算，用有限的資源，逐步擴展，達到理想的規模；再則對於質與量提昇的策略，是強調音樂敬拜的品質，以素雅、精緻為特色，或是強調熱鬧、high就好，正確與否反倒其次？

最後是美好的榜樣。凡事起頭難，有好的榜樣與學習的對象，常能有事半功倍的果效。好的榜樣不但提供正確、活潑、自然的認知，也啟發、激勵我們對上帝的渴慕與熱情，更進一步提供動力與鼓舞，向著異象與目標勇往直前。

因此謹慎選擇導師與榜樣，從神學思想、觀念的表達、團隊的運作、音樂的定位、展現的平衡、屬靈的恩膏眾多方面來評估，並且虛心受教，力求完美，靠著上帝的恩典與祝福，自然完成異象，達到目標，成為上帝的喜悅與眾人的祝福。

結語

上帝要在我們中間做新事，我們要發展的是廣義的敬拜讚美而不是狹義的，新的想法、方式、概念，並不是要反對過去，不是要把舊的廢掉，而是與新的作法思考與整合，面對時代的挑戰，使現在的更好，繼往開來，迎向未來。聖經羅馬書十二章一至二節已經給我們具體的原則：「所以弟兄們！我以神的慈悲勸你們，將身體獻上，當作活祭，是聖潔的，是神所喜悅的；你們如此事奉，乃是理所當然。不要效法這個世界；只要心意更新而變化，叫你們察驗何為神的善良，純全可喜悅的旨意。」盼望華人教會眾弟兄姊妹，在地上先經歷天上的敬拜，享受三位一體真神的恩膏、祝福與更新，在地上完成福音大使命，預備天上與眾聖徒合一，真、善、美的永恆敬拜！ *Soli Deo Gloria*！

專文：歌唱頌揚

謝林芳蘭
(美國路易斯安那州立大學音樂史博士、美國西南浸信會神學院音樂圖書館館長)

引言

神學家與宗教改革家馬丁路德曾説過：「聖樂是上帝賜給人類，僅次於神學的最佳禮物」[1]。的確，教會音樂是上帝賜給我們的寶貴禮物，讓我們可以用嘴唇和聲音，從內心深處唱詩頌讚祂。聖經中，特別是詩篇，有不少經文提到上帝要我們唱詩讚美祂，例如：「你們要讚美耶和華，耶和華本為善，要歌頌祂的名，因為這是美好的」(詩一三五：3)。是的，上帝要祂的每一位兒女都稱頌祂，不論聲音是美妙或是平凡的，都要日夜讚美祂，因為「這本為美事」(詩九十二：3)。

將最好的獻給上帝

作為上帝兒女的，是要將最好的獻給上帝，因為祂是配得我們的奉獻與頌讚。從前以色列百姓向上帝獻祭時，只能獻上沒有殘疾的祭物，如今我們在教會參與各樣服事的同工，更是要盡心盡力來服事祂。音樂同工，不論是領詩、詩班指揮、班員與司琴的，當然都不例外。

負責選擇主日崇拜詩歌的同工，是否挑選合適的詩歌？也就是説，歌詞是否與當日牧師要傳講的信息配合？是否與當日崇拜的主題或教會節期配合？歌詞所傳遞的聖經真理與神學思想是否正確、清楚？或總是選唱一些不知所云的讚美短歌呢？再者，選擇詩歌時，是否兼顧到旋律、和聲、配器等音樂要素的平衡？一首好的詩歌，不但歌詞要好，音樂也要與歌詞相稱，兩者是同等的重要。

敬拜讚美短歌

無可否認的，時下的「敬拜讚美短歌」，確曾帶來不少創新的歌曲。其中有些歌詞採自詩篇，讓我們可以用聖經的話語來讚美上帝。並且這些詩歌的歌詞，經常出現「祢」字，似乎拉近了我們與父神上帝的距離，讓會眾的心向著上帝敞開。如果領詩的或讚美小組帶領得好，司琴或彈奏樂器的也彈得好，唱經過用心挑選的短歌，的確能夠增進崇拜的氣氛。但是，如果教會整年都唱這類的短歌，久而久之，弟兄姊妹的靈命就可能產生嚴重的貧血與營養不良了。

歌詞簡短

「敬拜讚美短歌」最大的缺陷就是歌詞過份簡短，總是不斷的重複短短幾個字的歌詞，雖然易學易記，但唱久了難免要變成讚美的「八股文」。相反的，聖詩（hymn）的歌詞則是詩人經過一番琢磨，根據作詩的規則寫成的，思路完整，用詞也較為工整華麗，而且傳遞出明確的信息。最簡易的神學思想、聖經真理；或是屬靈經歷，都需要用數節的歌詞，才能將其意義淋漓盡致的表達出來，這是顯而易見的道理。何況短短的幾個字，就算是多次反覆，也不會產生甚麼內容。怪不得有人戲稱「敬拜讚美短歌」為「7-11」，「七」個字的歌詞，不斷反複的唱「十一」次！

模仿世俗音樂

「敬拜讚美短歌」另一個大缺點就是世俗化，過份的模仿世俗音樂，其風格實在與時下的流行歌曲、搖滾樂沒有甚麼區別。有些人認為為了要吸引未信主的朋友參加聚會，讓他們覺得教會親切、不陌生，也容易帶領人信主，應該在教會多唱類似流行歌曲的詩歌。其實，教會如果凡事仿效社會，遲早要失去作光、作鹽的功能，對社會的影響力必然愈來愈少，或許有一天，教會與社會完全沒有甚麼兩樣了。

使用世俗音樂或許能夠吸引人參加聚會於一時，帶來「復興」的假象，但讓人悔改信主的不是靠這些，而是出於神的愛的感動與聖靈的工作。如果教會的主日崇拜，落到要靠唱「敬拜讚美短歌」來吸引人到教會的地步，實在是一件相當可悲的事。要知道，仍然有許多未信主的朋友願意到教會來，是受了神聖、莊嚴、高雅、平和的聖樂所震懾與吸引。要聽世俗音樂何必跑到教會去呢？在教會內難道會比在外面更令這些人快意隨性嗎？教會實不應再自欺欺人，繼續把慕道朋友當成音樂白痴，無法分辨音樂的好壞！

娛樂性質過高

另外，「敬拜讚美短歌」讓有識者擔心的，就是其娛樂性質過高。不少「敬拜讚美短歌」的作曲者、CD製作人，以及出版商，為了供應市場的需求而不斷的寫作。表面看似為了福音，其實主要目的是為了賺錢而作的。不少「敬拜讚美短歌」的作曲者，在倉促之下寫出粗製濫造的歌曲，其品質之浮濫低劣，已到了令人難以忍受的程度。試問，我們有甚麼理由要將這些歌曲全單照收，引進教會來呢？

多唱聖詩

「聖詩」經過歷史長期的考驗與淘汰而流傳至今，是歷世歷代千萬基督徒屬靈的結晶，如今仍舊向我們說話做見證，是教會最為寶貴的資產之一。教會千萬不可將聖詩本擱置一旁，因為聖詩裏所藏有的聖經真理與屬靈經歷，很少出現在「敬拜讚美短歌」裏面。教會不唱聖詩，會眾就失去從聖詩的寶貴信息而帶來靈命成長的福氣，失去欣賞聖詩優美、雄壯的合聲的機會，當然更失去四部合唱的能力。這樣的損失實在太慘重了！

「歌唱的教會」

教會如果要成為「歌唱的教會」（singing church），首先要在「音樂與崇拜」的真理上有正確的教導與學習。如果在這方面沒有教導，怎能期望會眾會真正的敬拜上帝呢？其次，教會要教導會眾「聖詩學」。有人說「聖詩」與信仰一樣，是傳續不過兩代的。聖詩畢竟不是一般的「小調」（ditty），是需要經過學習才能認識與欣賞的。

教會的一般弟兄姊妹，對於主日崇拜的會眾唱詩，沒有太大的期望與要求，這和他們到教會來的目的有關。有些人認為參加崇拜，主要是來聽牧師傳講信息的；有些人是要來與其他弟兄姊妹見面敍舊的；有些人或許是為其他種種目的而來參加聚會的。因此，會眾的唱詩經常是被教會忽略的事工，最後只淪為等候遲到的人或填充時間的活動，實在可悲可歎。

英國聖樂學者與聖詩作者John Bell曾分析，會眾唱詩唱得不好或死氣沉沉，可能有如下幾個理由[2]：

一、會眾對唱詩沒有興趣，也不投入

教會經常藉著唱詩來等候遲到的人，或是讓會眾站起來舒展筋骨，或是為銜接下一個崇拜的節目。當然唱詩可以達成這些目的，但卻不是唱詩主要的功能。如果經常這麼作，就失去了聖樂在崇拜中的意義與應有的角色。因此，弟兄姊妹對唱詩的目的缺乏正確的認識，經常還未預備心，匆忙中就開口唱詩。久而久之養成了習慣，唱詩時總是「有口無心」，嘴巴雖然在唱，卻心不在焉。

二、會眾唱詩深受「表演文化」的影響

會眾不肯開口唱詩，另外一個原因可能是看到台上站著一排敬拜讚美小組的領唱者，手上各拿著麥克風，讓大家認為好像是來參加一場熱門音樂會表演。並且，透過擴音器的歌聲與樂器的聲音音量總是超大，讓人有震耳欲聾之感，會眾就算是拚命大聲的唱，也無法與敬拜讚美小組與領唱者的音量較量。於是自然而然的，會眾就成了一羣觀眾，欣賞敬拜讚美小組與領唱者在舞台上的表演了。其實，在崇拜中每位弟兄姊妹都是「演員」，我們唯一的「觀眾」是上帝。崇拜中會眾的唱詩，是弟兄姊妹最能直接參與的一項敬拜方式，讓大家有機會同心一起頌讚神。如果讓敬拜讚美小組或領詩的取代會眾的唱詩，剝奪了會眾獻上「讚美之祭」的機會，實在大大的虧欠了眾弟兄姊妹，對神的敬拜也就走了調、變了樣！還有些教會將某些基督徒歌星唱紅的詩歌，帶到教會給弟兄姊妹「試唱」。這類表演性質的詩歌，多數是為獨唱寫的，音程、音域與節奏都不適合會眾唱，難怪大家無法參與，就算是跟著唱，也很快就泄氣而作罷了。選詩的同工應該能夠區分「表演」與「參與」的詩歌的不同，前者是為獨唱或少數幾位演唱，或錄製CD而寫的，後者是為會眾，也就是為教會最重要的詩班而寫的。這是最基本的常識，不能不知。

三、教堂的設計與音響效果

人的聲音需要藉著相當的空間，才能產生共鳴。聚會的場所如果有高的屋頂，座位不放太多厚厚的椅墊，地上也不舖滿地毯，如此就比較容易產生共鳴。人的聲音在好的音響效果的教堂中，聽起來必然柔和而自然。如果完全要靠麥克風來傳聲，聲音既無共鳴，聽起來也僵硬、不自然。此外，如果弟兄姊妹聚會時坐得很分散，似乎要保留一些私人的空間，也會影響唱詩。主日崇拜不是弟兄姊妹個人靈修的時間，如果要會眾合一唱詩讚美神，我們就要鼓勵大家集中坐在一起。

四、領唱不佳，或是沒有好好的準備

領唱者是否熟悉崇拜要唱的詩歌的歌詞與旋律？是否與司琴預先練習到一個程度，能將每一節以及整首詩歌的意義與意境帶出來？領詩時的態度與表情是否充滿信心？或是領詩的只是在主日前一晚或當天早上，才急急忙忙的打開詩本，將要唱的詩歌唱一、兩遍呢？

當然，領詩是要經過一番操練才會領得好，但是每次領詩前充分的預備，更是不可忽略的。

結語

英國已故的聖樂學者與聖詩作者Erik Routley認為，會眾唱詩唱得好，要有三個條件配合：一、好的詩歌(well-written)；二、選詩選得合適(well-chosen)；三、會眾唱詩唱得好(well-sung)，缺一不可。願我們在各式各樣、良莠不齊的詩歌，不斷的湧現到我們眼前，充斥在我們的耳中的吵雜時代裏，能堅持選擇上好的詩歌，帶領弟兄姊妹「用靈，也用悟性歌唱」(林前十四：15)，向我們的上帝不斷的歌唱頌揚，直到永遠。

---

1 馬丁路德在一五三〇年寫給作曲家Ludwig Senfl (c. 1486-1543) 的信中，提到聖樂的重要性。

2 John L Bell: *The Singing Thing: A Case for Congregational Song*. Chicago GIA, 2000, pp. 95-133.

崇拜者的心靈預備

崇拜是例行公事？

美國著名市場統計學學者George Barna列出了六項現時美國基督徒在崇拜上普遍存在的問題：

一、欠缺神同在的經驗

一半恆常出席崇拜的成年人承認在過去的一年中，沒有任何神同在的經驗。他們每年平均出席崇拜約二十五次或以上。

二、出席崇拜是一種責任

大部分成年人覺得出席崇拜是一種責任，但當追問他們崇拜的意義和定義時，三分之二的人都無法提供一個合適的答案。恆常出席崇拜的信徒也只把崇拜放在日常生活中十分次要的位置裏。

三、出席崇拜的原因

大部分美國人認為出席崇拜為要取悅自己而不在於取悅神。大多數的人堅持崇拜能滿足他們個人的需要多於榮耀見證神。

四、崇拜質素的釐定

大部分人認為一個好的崇拜必須具備他們所喜歡唱的詩歌、聽到他們明白或喜歡的講道（如帶有安慰、感覺舒服，或是對他們有幫助的）、有機會和友好溝通、偶然出席崇拜但仍可感到神的慰藉。

五、教牧同工對崇拜取態

統計調查出人意表，因為只有小部分的教牧人員在評定崇拜的價值時，認為對聖靈的敏感、崇拜的氣氛與環境，以及神的臨在等是崇拜中重要的元素。大部分的教牧同工只著眼於自己所負責的講道是否令弟兄姊妹有所得著。

六、信徒對崇拜的期望

信徒參加崇拜只期望得到一些安慰，或建立一些人際關係，絕小數的基督徒認為神人相遇的經歷是真正敬拜的標記。

這調查報告帶出了一些在崇拜上我們應該正視的問題：

一、崇拜已變成了一件例行公事及變得十分次要

信徒缺乏了詩人大衛「神阿，我的心切慕祢，如鹿切慕溪水。我的心渴想神，就是永生神，我幾時得朝見神呢？」的那種對神渴想、追求、接近的心懷。更可悲的是，大部分信徒以為已參與了崇拜（的活動），但其實並沒有真正敬拜，因為他們根本沒有經驗神的同在。

二、崇拜以神為中心變成以人為中心

敬拜神是舊約裏重要的信息，十誡的首四誡都與敬拜有關。保羅亦在羅馬書提醒我們甚麼是一個每天委身的敬拜觀——「將身體獻上，當作活祭」。敬拜是人回應神的

恩典最自然不過的反應，可惜今天當人們朝見神時，卻有著其他各樣的動機或期望，這都不是真正的敬拜者應有的心態。

三、崇拜觀念的薄弱

長久以來，教會專注在讀經、佈道、關顧、門徒訓練等教導及事工上，但卻忽略了對弟兄姊妹灌輸正確的崇拜觀，致使信徒對這方面的認識似懂非懂。

香港人對美國教會所提出的一些崇拜理論、風格及做法常馬首是瞻，這個調查報告所指出的問題，是否也同樣是香港眾教會的問題呢？

（George Barna 於一九八四年在美國加州創立了Barna Research Group, Ltd.，這是一間專門為教會及非牟利團體作市場調查的公司。開辦以來，曾為超過二百多間教會及服務機構作調查。上文所引述的數字來自他的一篇名為 *Worship in the Third Millennium* 的文章，該文收錄在 *Experience God in Worship* 一書中。）

「懇求心中王成為我異象，萬事無所慕惟主是希望。願祢居首位日夜導思想。工作或睡覺慈容作我光。」親愛的主耶穌，求祢常居我心中，作我每時每刻的主宰。阿們。

你在禮拜日敬拜，那禮拜一呢？

「你們要讚美耶和華，你們要讚美耶和華的名，耶和華的僕人，站在耶和華殿中，站在我們神殿院中的，你們要讚美祂」(詩一三五：1-2) 。

「人對我說，我們往耶和華的殿去，我就歡喜。」(詩一二二：1)

以上兩篇詩篇提醒我們要到耶和華的殿去敬拜和讚美神，敬拜者當聽到別人提及要到耶和華的殿去敬拜，心中就萬分的雀躍，因為知道可以有機會朝見主，歌頌讚美神。今日我們對崇拜的研究，很大部分都集中討論主日集體的敬拜，探討其神學理念、聖經基礎、歷史發展、崇拜內容和禮儀等。今日我們有很多對崇拜上的爭議，也環繞主日的崇拜。但是否我們要到神的殿才能敬拜神？教會是否唯一敬拜的地方？

被譽為「二十世紀的先知」、「牧師的牧師」的美國牧師陶恕博士，在其著作《敬拜的真義》第十章的標題寫著：「你在禮拜日敬拜，那禮拜一呢？」正好問了和以上筆者所提出的問題。書中的一些內容如下：

「作為神的子民，我們仍然經常被一些錯誤的思想混淆。事實上有不少人認為我們到禮拜堂做一些事情就叫敬拜。我們叫禮拜堂做神的居所，是我們奉獻給祂的，所以我們常誤會以為禮拜堂是唯一一處可敬拜神的地方。

如果你不能在禮拜一的工作堆中敬拜神，那你也不大可能在禮拜日有真正的敬拜。當我們在禮拜六埋首各樣事務，卻忽略神的同在和敬拜的情緒，在禮拜日便不能好好的敬拜神。

若我的生命有得罪神的成分，我的敬拜便不可能討祂喜悦；若我禮拜一不敬拜祂，又怎能在禮拜日真實及充滿喜樂地去敬拜祂呢！我不能在禮拜日高聲歌頌祂，卻在禮拜一、禮拜二的生意往來中刻意惹祂生氣。只有在我們內心沒有惹怒神的成分，我們的敬拜才會全然取悦神。」

陶恕博士提醒了我們，敬拜不單是禮拜日的活動，每星期一次，每次一個多小時的行動。相反地，敬拜是一種基督徒生活的模式，是每天二十四小時與神同行的屬靈生命。保羅昔日對哥林多教會的規勸，對我們來説仍然適切：「豈不知你們是神的殿，神的靈住在你們裏頭麼，若有人毀壞神的殿，神必要毀壞那人，因為神的殿是聖的，這殿就是你們」(林前三：16-17)。彼得也曾提醒我們：「因此祂已將又寶貴又極大的應許賜給我們，叫我們既脱離世上從情慾來的敗壞，就得與神的性情有分」(彼後二十一：4)。如果我們每天都過著屬情慾敗壞的生活，我們怎可以期望自己的敬拜仍討神的喜悦呢？

我們常聽到有人埋怨牧者在崇拜時講道沉悶，內容不夠精采；詩歌時代感不夠，以致提不起勁去唱；崇拜程序千篇一律，沒有任何的驚喜。這些人對崇拜總是諸多批評和不滿。有時我們會懷疑崇拜是否真的出了問題，於是我們嘗試多方改革，更換崇拜的詩歌，改編崇拜的程序，講道的內容與信息變得更迎合會眾的口味。但我們要反省，可能我們做多少工夫，也無法滿足這種會友的渴求，因為問題不是來自教會的崇拜，而是來自他們的屬靈生命。

我們應如何幫助會友重建一週七天、每天二十四小時的敬拜生活呢？

滿有憐憫的神，求祢按祢的慈愛憐恤我，按祢豐盛的慈悲塗抹我的過犯。求祢將我的罪孽洗除淨盡，並潔除我的罪。以致我能坦然無懼的來敬拜祢。阿們。

崇拜得著盡在講道？

記得年幼時，星期天早上會隨母親前赴教會崇拜，每在路上遇到相識的朋友或街坊時，我的母親就會對人解釋說，我們是到教會去聽道理。相信在她的心目中，主日崇拜的目的就是聆聽牧師的講道。

「崇拜主要目的是聽道理」這個觀念，至今仍然是大部分信徒對崇拜的觀念。讀者可試看看自己教會的情況，很多時會友在崇拜開始了二十分鐘後才施然入座，在他們心目中，可能覺得自己沒有遲到，因為牧師或傳道人還沒開始講道；在講道以前的項目，例如唱詩、讀經、祈禱等都只是陪襯，沒甚作用。會眾對崇拜的評價，也定奪於講道。因此，當有會眾說崇拜中沒有多大的得著，意即是說他對講壇的信息沒有多大的領受。講道，確實是崇拜中重要的一環。

自三世紀起，西方教會的崇拜主要分為兩大部分：聖道禮和聖餐禮。直至十六、十七世紀的宗教改革，這個模式傳統起了變化。改革派注重聖經和講道，他們強調恢復初期教會崇拜中，「神的道」的主導地位。他們注重耳朵多於眼目：注重宣講真道和全會眾聽道，而把崇拜中的禮儀放輕了。他們緊守如路加福音十章中耶穌所說：「不可少的只有一件。」那就是馬利亞坐在基督的腳前，聽取他所講論的真道。

周聯華牧師在其著作《新編講道法》中所提出四點有關

講道的重要性：一、講道是主藉著人傳說；二、講道是上帝救贖人的工具；三、講道是從上帝所得來的信息；四、講道是傳道人首要的任務。筆者完全認同周牧師的論點，也明白講壇在牧養上的重要性。但看重講道的同時，我們也不應忽略崇拜中的其他程序。筆者在此強調，絕對沒有任何輕看講道的意圖，但卻認為每個主日，會眾出席崇拜，不單只為聽講壇的信息，神也不單藉講員的口傳遞信息，我們也可透過詩歌的歌詞、所誦讀的經文、禱文、信經等，得到屬靈生命上的餵養。此外，講道與其他項目可以並存，彼此完全沒衝突或矛盾，如能選用一些配合講壇信息的詩歌、禱文和經文，更能為宣講之道帶來預告、串連、強化、潤飾和統一的功效；可以說，不但不會削弱，反而和講道彼此能夠相輔相成、相得益彰。同時，會眾也可藉唱詩、禱告、讀經、奉獻、主餐禮等，主動和積極地表達對神敬拜的心。

筆者曾經見過一間教會的主日崇拜程序表，運用以下的分項來提醒會眾，崇拜是指整個的主日崇拜程序，而不是單一的項目，會眾也可藉每項程序敬拜神。

以靜心等候來敬拜；
以同心讚美來敬拜；
以虛心領受來敬拜；
以熱心奉獻來敬拜；
以專心回應來敬拜；
以愛心守望來敬拜。

以不一樣的心態，藉不同的行動，透過多樣的程序，讓會眾能盡心、盡性、盡力地敬拜，正是全人敬拜的表現。

各位讀者，你以怎麼樣的心態來敬拜神？你是否只看重崇拜中之講道？

「當稱謝進入祂的門，當讚美進入祂的院。當感謝祂，稱頌祂的名。因為耶和華本為善。祂的慈愛存到永遠，祂的信實直到萬代。」求主幫助我們緊記，每個主日崇拜只有一個目的，就是要親近敬拜神。阿們。

你重視神的話語嗎？

「到了七月，以色列人住在自己的城裏。那時，他們如同一人聚集在水門前的寬闊處，請文士以斯拉將耶和華藉摩西傳給以色列人的律法書帶來。七月初一日，祭司以斯拉將律法書帶到聽了能明白的男女會眾面前。在水門前的寬闊處，從清早到晌午，在眾男女、一切聽了能明白的人面前讀這律法書。眾民側耳而聽。以斯拉站在眾民以上，在眾民眼前展開這書。他一展開，眾民就都站起來。以斯拉稱頌耶和華至大的神；眾民都舉手應聲說：『阿們！阿們！』就低頭，面伏於地，敬拜耶和華」(尼八：1-3，5-6)。

以上所引述的一段聖經，記載了一個莊嚴肅目而又感人的場面。當先知打開神的話語，向在場的眾民宣讀時，民眾都留心傾聽。我們明白昔日不是每人都可擁有一本神的話語，因此當大家有機會聆聽神的話語時，都顯得格外留神和重視，流露對神話語的渴求。反觀今日的我們，雖然因著印刷術的發明，我們可以每人都擁有一本甚至多本不同版本的聖經，但卻沒有因此而加深了我們對神話語的重視；不少信徒的聖經，只成了書櫃的陳設品。

筆者最近翻開一些舊的主日崇拜程序表，這些程序表屬於一些筆者在過往三年曾到過講道或探訪的教會。當中發現一個現象，就是在這些教會中，大部分在主日崇拜中都沒有宣讀聖經的環節。有些教會把當日講道的經文當作讀經的環節，但較少會特別有一個讀經的時間，選讀一段較長和較完整的經文。究竟今日我們對神的話語有多重視？我們對神的話語有多順服？我們對一同頌讀神的話語、一同宣述我們的信仰所帶來的果效有多相信？

或許你會說：「其實我們有必要宣讀神的話嗎？神的話不是可以透過宣講或詩歌的歌詞來傳遞嗎？」筆者從來沒有懷疑講道和唱詩的效用，講道和唱詩確能讓會眾聽到神的話，但這是較間接的方法，因為講章和歌詞都加上了人的演繹和修飾。較直接的方法，是會眾一同誦讀或聆聽從聖經而來的話語。唐佑之牧師在《宣讀與宣講》一書中曾說：「聖經在崇拜時，是主要的內容。以聖經為中心，就是以聖靈為中心，因為聖靈就有話語。以聖經為中心，就是以基督為中心，因為基督是神的道，神所啟示的話語。敬拜是以基督為對象的。聖經在敬拜中的地位，就可不言而喻了。」

今天我們在崇拜中聽到很多屬靈的詞彙，很多屬靈口吻的説話，很多有關神的資料，但我們卻要小心分辨，當中我們可能沒有真正聽到直接從聖經取出來神的話語。主曾説：「我對你們所説的話就是靈，就是生命」(約六：63)。讓我們不要忘記「聖經都是神所默示的，於教訓、督責、使人歸正，教導人學義都是有益的，叫屬神的人得以完全，預備行各樣的善事」(提後三：16-17)。筆者相信，在主日崇拜多讀聖經，對信徒在日常生活讀聖經起了鼓勵的作用；教牧對神話語的重視，對會眾起了身教的果效。

教會牧者們，我們應如何幫助會眾在主日崇拜中重拾對神話語重視的態度？

主啊，求祢賜我們一個重視祢話語的心，因為「聖經都是神所默示的，於教訓、督責、使人歸正，教導人學義都是有益的，叫屬神的人得以完全，預備行各樣的善事。」阿們。

寧靜中與神相遇

筆者最近向一慕道者傳講福音時，他告訴筆者，當他感到內心有很多煩擾時，都會走到他家附近的天主教堂裏坐一坐（主要因為天主教教堂是經常對外開放的）。在那裏，他可以找到一份寧靜。雖然他還未到決志信主的階段，亦未明白向神祈禱是怎麼一回事，但他仍能在那安靜的敬拜場所中找到一份內心的慰藉。這位朋友的一番話，提醒了我們內心安靜的可貴和敬拜場所營造寧靜環境的重要性。

到過歐洲遊覽的人，想必一定曾經前往當地的教堂參觀。這些巍峨的偉大建築物，很多都建於中世紀時期，有些用上了數十甚至百年的時間建築。這些教堂，在遠處看去，讓人有一種望而生畏的感覺。走進教堂裏去，但見一片幽暗，室外的陽光，透過了花玻璃的小窗照射進來，加上閃爍的燭光，成了室內主要的光源。在這個環境下，站在當中的人，不自覺地會閉上嘴靜下來，心中敬虔之情悠然而生。這大概滿足了當初建築者的心意：希望透過這些宏偉的建築物，讓神的國度得以在地上彰顯，透過這個崇拜的空間，讓敬拜者在當中能夠感受到神的同在。

傳統的崇拜，特別是一些禮儀派的教會，當敬拜者進入禮堂後，通常都會各自坐下或跪下，安靜默禱，等候崇拜的開始。在這段時間，可透過安靜的默禱，淨化一下心靈，把心中的煩擾，帶來交託給神；整理一下自己的思緒，預備敬拜的心。有些會眾會透過禮堂裏的擺設，例如十字架、聖畫或切合節期的顏色、花卉等來思想神。有人則透過司琴所彈奏的一些輕聲的聖樂作品，預備敬拜的心靈空間。

不知由何時開始，會眾對敬拜的訴求改變了。曾經讀過一篇有關教會的報道，描述一間教會崇拜的現況：「崇拜聚會十分輕鬆，有勁band熱舞，又加插集體遊戲，參與崇拜的人玩過不亦樂乎。崇拜聚會充滿娛樂性，形式也很多元化，每場崇拜開始之前都會玩遊戲，搞搞氣氛；有時會眾會吹哨子，揮動光棒，像參加演唱會。聚會不能『靜蠅蠅』，一定要『好嘈好嘈』，才有吸引力。」

這種輕鬆、喧鬧的敬拜形式，實與前述那種安靜的傳統，有著很大的分別。究竟昔日那種「主前靜默，佇候主臨」的敬拜形式和心態是否已經不合時宜呢？

在《與造物者同遊》一書中，陳國權牧師在其一篇名為〈息的境界和修持〉的文章中，講述了一個有關君士坦丁堡宗主教亞申寧（Arsenius）尋道的故事：

「亞申寧仍在皇帝的朝廷任事時，他向主祈禱說：『主，領我去找救恩。』有一個聲音對他說：『亞申寧，遠離人羣，你必能得救。』之後，度著隱修的生活時，他又作同樣的祈禱。他又聽到同樣的聲音對他說：『亞申寧，遠離人羣，守靜持定，這是杜絕罪惡根源的途徑。』

沙漠靈修的傳統，強調靜修、獨處和不斷的祈禱，因為寧靜對救恩、生命成長和成聖起了重要的作用。安靜是理智上的突破，能讓人到達與神接觸的境界。

今天我們無法學效沙漠教父般的靜修，生活在大城市的人也難習慣沒有喧鬧嘈吵的生活，今日敬拜者追求的又是熱鬧、使人情緒高漲的感覺。我們在寧靜中與神相遇和相交的這份恩典，是不是已不知不覺遺失了？

「眾海島啊，當在我面前靜默，眾民當重新得力。」掌管人心的主啊，求祢幫助我們明白安靜的重要。在忙亂中學習如何安靜，在安靜中如何與主相遇。阿們。

缺乏安靜有礙與神相交

記得有一次在教會的主日崇拜，筆者負責編排崇拜內容及負責帶領整個程序。程序當中有一個祈禱時間，筆者希望會眾能夠有多些安靜和默想神的空間，所以在崇拜中宣佈：「以下是一同祈禱的時間，會眾請先有一段自己安靜的時間，希望透過這時段，讓我們一同在主面前靜心聆聽，尋求神的心意。然後我會帶領大家一同禱告。」宣佈後，會堂便出現一片全然的安靜，大家都低頭默禱。但可能因為筆者沒有預先說明安靜的時段有多長，所以大約過了三分鐘，大家便開始忐忑不安，不時發出一些身體移動、程序表紙張磨擦和咳嗽的聲音。更甚者，有些會眾抬起頭來，可能是想看看領會者是否已昏倒了！這個例子讓我們看到，大家實不甚習慣在崇拜中有安靜的時刻，會眾習慣充斥著歌聲、音樂聲、講道聲、讀經聲的崇拜。

不錯，今天我們已忙碌慣了，實在不習慣有安靜的時刻。有時在崇拜中，就連祈禱時也要加上一些音樂作陪襯。安靜在崇拜重要嗎？讓我們從以下一些經文獲得一些啟示。

「凡有血氣的，都當在耶和華面前靜默無聲，因為祂興起，從聖所出來了」(亞二：13)和「惟耶和華在祂聖殿中；全地的人，都當在祂面前肅敬靜默」(哈二：20)這兩段經文提醒我們，在安靜中我們可以察覺神的臨在，在神面前默然無語是因為看到神的威榮，醒覺自身的渺小。馬利亞被主稱許説獲得上好的福分，是因為她放下忙亂，安坐主的腳旁靜心聆聽。

我們或可從兩人關係這角度來看看。正常的關係必須包括靜心的聆聽，若雙方都忙於表達自己心中所想，結果是兩人都無法有健康正常的溝通。很多時我們的祈禱，像喋喋不休的向神開列一張清單，期望神滿足我們每項的要求。在忙碌中我們無法「察驗神的善良，純全可喜悅的旨意」，缺乏聆聽神的心意的機會，缺少讓神介入我們的生命去改變、更新我們。

「眾海島啊，當在我面前靜默，眾民當重新得力」(亞四十一：1)和「我的心平穩安靜，好像斷過奶的孩子在他母親的懷中」(詩一三一：2)這兩段經文告訴我們，原來在神面前安靜，可以使我們重新得力。今天在講求經濟效益、個人增值的社會氣氛下，我們都習慣勤奮的工作，完全依靠自己的力量去完成每樣的工作。但原來當我們願意如小孩般安躺在主懷裏，全然等候信靠主的引領時，我們便「如鷹展翅上騰，奔跑卻不困倦，行走卻不疲乏。」

筆者認識一個少年人，他在兩、三歲的時候已顯出是一位天才。自小已經能言善辯，學習能力也很高，備受家人和朋友的讚許。有誰料到，今天十四歲的他，卻出現學習上的困難，不是因為他的智商不高以致出現學習的問題，而是因為他太自以為是，欠缺了靜心聆聽這個能耐，因而阻礙了他的學習。

今天，我們是否在神面前也缺乏安靜，以致阻礙了與神的相交，向神的學習呢？

主啊，求祢赦免我們被繁忙的生活所充斥，沒有為祢留下半點的心靈空間。求主幫助我們學習安靜，並在當中獲得從祢而來的力量。阿們。

專文：出席崇拜的人多，真正敬拜的人少

林志輝

(加拿大多倫多天道神學院神學碩士、美國崇拜研究學院博士候選人、多倫多華人基督教會傳道)

美國Barna Research Group(經常為各教會作調查的一個機構)作過一項民意調查，報道指出在美國教會作禮拜的人，不到三分之一相信他們真正敬拜了神。讀過此報道，實在深感不安，筆者在加拿大多倫多市以北的一間教會事奉，內於加拿大多元文化的環境，及教堂空間的不足，教會要分三種語言(英文、粵語及國語)在八堂的崇拜時段，讓三千多的信徒及來賓去敬拜神。從個人觀察中我也常問自己，我的教會是否也是「出席崇拜的人多，真正敬拜的人少」，從會眾的遲到早退、主日崇拜的衣著、唱詩時的音量及表情、手提電話的鈴聲、公禱後只有小量會眾同聲説阿們，甚至崇拜時口嚼口香膠的情況，令我們時常懷疑，會眾是否只獻上一種懶散、滿不在乎、漫不經心的敬拜(idle worship)。

我們每週都參加主日崇拜，主要目的是甚麼？大多數基督徒帶著「獲取」的態度， 而非「呈獻」的態度來聚會，這些人期待聚會能和諧而有意義地進行，但責任卻在於別人，是牧師傳道的工作，因他們是全職人員。難怪很多人在主日早上「慢吞吞」的， 像冬天裏一部引擎冷卻的舊車，缺少熱能，沒有動力，更談不上回應，需要帶領敬拜者積極地

發動引擎，推動前進。我很期望會眾明白敬拜的目的及重要性，我的領受是「人的首要目的是榮耀神，永遠以神為樂」。意思是我們受造是為了敬拜神，蒙救贖是為了敬拜神，我們將來在神面前永遠活著，也是為了敬拜神。神學家John Frame 這樣說：「救贖是手段，敬拜是目標」（redemption is the means; worship is the goal），即敬拜是每件事的重心，它是歷史的終結，是整個基督徒的目標[1]。

敬拜的焦點不是我們能從中獲得甚麼，而是為了朝見神，重新感受祂的同在，瞻仰祂的榮美，尋求祂給我們一生是目標，神是主日崇拜的主角及唯一的觀眾，作為教會的敬拜教牧（Worship Pastor），在準備及帶領崇拜時，我常考慮以下三個問題，盼望能幫助會眾獻上更美的敬拜：

我們的崇拜是否：

※ **慶賀生命（Celebrative）**

崇拜不是死氣沉沉而是充滿生氣（Worship service is alive not dead）

※ **激勵生命（Inspirational）**

崇拜不是叫人罪疚更深而是從主基督得著盼望（Worship service is up-lifting not letting down?）

※ **培育生命（Edifying）**

崇拜不是只有一大套理論，而是充滿實際行動準備喜樂面對明天（Worship service is more practical than theoretical）

---

1 John M. Frame, *Worship in Spirit and Truth: A Refreshing Study of the Principles and Practice of Biblical Worship* (NJ: Presbyterian and Reformed Publishing, 1996), 11.

崇拜的形式與編排

慶典崇拜

今天筆者坐車外出，途中看見一間二樓教會的外牆，有一個頗大的標誌牌寫著：「慶典崇拜，星期日早上十一時」。

慶典一詞，英文叫celebration，源自現代的「敬拜讚美」的崇拜模式。用慶典，是希望有別於過往傳統崇拜的較靜態、較嚴肅(formal)的崇拜形式。慶典的崇拜，內容一般強調喜樂、歡欣的氣氛，較少涉及對罪的痛悔。

在今日，這詞通常用來形容一些較熱鬧、激情、亢奮的崇拜，當中用上一些較現代、音樂節拍較輕快(upbeat)的音樂。這些音樂以讚美為主，一如詩篇六十六章一至二節所描述：「全地都當向神歡呼，歌頌祂名的榮耀，用讚美的言語將祂的榮耀發明。」

崇拜學者韋柏博士常強調說，崇拜是「基督事件的重演」。基督是崇拜的主角和核心。Lawrence Hull Stookey 在其有關教會年曆的著作 *Calendar: Christ's Time for the Church* 中曾說：「如果沒有復活節，耶穌的死亡只是一位普通殉道者的死亡。如果沒有復活節，聖誕節亦只不過是一位名人的出生記念。由於基督的復活，一切發生在基督身上的事件，都變得極有意義，也就是基督教信仰之核心。」崇拜是一個慶典。慶典的精義建基於基督已經戰勝死亡，從墳墓中復活。慶典的精義建基於因為基督的復活，我們有永生的盼望。慶典的精義建基於主的救恩白白的賜予我們。慶典的精義建基於主是創造天地萬物，並掌管一切的主。慶典的精義建基於我們今日雖然身處一個不公義、充滿罪惡和動盪的世代，但我們仍然深信主仍然掌權。沒有這些基礎，沒有這些以神和基督為中心的觀念，慶典變得沒有意義。我們今日可以有慶祝的心情，是基於以上所述的原因。慶祝必須有其因由，可能是為一件事或一個人。

因此慶典的精義不是建基於我們是否能唱到一些令人激動流淚的詩歌。慶典的精義不是建基於崇拜中音樂的聲量能有多少的分貝。慶典的精義也不是建基於崇拜是否令我們感到無限的享受，令我們覺得多麼的愜意。

試想一想，如果有人為你慶祝生日而籌備一個生日派對，預備了豐富的食物和節目，並邀請了你所有的友好出席。但到生日會那天，主角，即你卻沒有出席，你認會場面會如何。可能大家見反正食物和節目都已預備好，也會不介意主角之存在與否，一同大快朵頤，派對也會充斥著歡笑聲，到會者也藉此機會大家彼此交誼。但我們卻發覺，原先開派對的原因卻已蕩然無存，當初籌備這個派對的目的也未能達致。

今日有些崇拜是否也是這個光景：崇拜中充滿讚美的歌聲，會堂裏充斥著激情的舉動，但卻原來在敬拜者的心中，敬拜的對象竟然不是我們的主！崇拜只淪為發泄個人情緒的場所。

弟兄姊妹，我們今日的敬拜，所值得慶祝的是何事物？慶典的真正意義是甚麼？弟兄姊妹，你對慶典崇拜的觀念和期望又是怎麼樣？

「上主之靈，懇求降臨我心，在內運行，消除世俗邪情，垂憐卑弱，顯主大力大能；使我愛主盡心、盡性、盡力。」求聖靈時常提醒，讓我們不斷檢視及反省自己崇拜的態度是否正確。阿們。

崇拜計劃．計劃崇拜

記得筆者曾出席一個有關策劃和帶領崇拜的講座，講員艾倫教授（Dr. Ronald Allen）帶笑說，今天不少非禮儀派傳統的教會，常常為教會的崇拜禱告（pray）和預備（prepare），但卻很少為崇拜計劃（plan）。他所指的計劃，是整個崇拜程序和流程的設計及配合，包括選取經文、詩歌以配合講道主題等的工作。

筆者十分同意艾倫教授的說話，我們確實常為教會的崇拜禱告。有些弟兄姊妹甚至在崇拜進行時，在祈禱室同步為崇拜禱告。負責崇拜各項程序的弟兄姊妹，例如講員、司琴、詩班、主禮，又會事前作多番的準備；但大家卻原來都只是各自各的準備，彼此間缺乏了溝通和共識，以致很多時崇拜只有堆砌的程序，沒有統一和順暢的流程。

教會的崇拜程序該由誰來負責編排？順理成章，這應該是牧師和傳道人的責任。因為崇拜是敬拜神，是嚴肅和重要的活動，又是全教會經常性的活動。因此，由曾受神學訓練的全職傳道同工負責最為合宜。有些人更認為，編排崇拜，應該是主任牧師的專有責任。

今天是一個多元的世代，我們很難可以學懂和明白所有的事物。教會的同工，同工和會眾間也講求隊工、分工合作和互相配搭。其實，這是合乎聖經的教導：「正如我們一個身子上有好些肢體，肢體也不都是一樣的用處。」（羅十二：4）筆者相信，編排和設計崇拜，可以不單是教牧同工的分內事，也可讓信徒有參與的機會，編排崇拜不應被「身分權限」所限制，而應由「恩賜配搭」來決定。

讀者可能會問：「一般信徒有計劃和編排崇拜的能力嗎？」近年神學課程普及化，愈來愈多信徒有機會接受神學訓練。筆者所見，不少信徒對崇拜學都有負擔和感動，花時間修讀這方面的課程，或出席各類形的專題講座和音樂營會，務求裝備自己，希望能夠在崇拜的範疇上幫助教會。但很多時卻學不能致用，因為他們不是傳道同工，較難有參與計劃崇拜的機會。

筆者所言，不是說要傳道同工完全放手，讓信徒來編排崇拜。傳道同工其實可以嘗試與信徒同工，互相合作，互補不足。就以筆者任教的神學院為例，在眾多的神學生中，也不是所有人對崇拜學和音樂有興趣和恩賜的。單從這一點，我們也可猜想到，當這些神學生畢業進到教會事奉，而又需要肩負編排崇拜時，單憑他們一人之力，實有不足之處。但由於他們在學時，必須修讀若干崇拜學的學科，他們具備對崇拜學正確的觀念。若然他們帶領著曾接受崇拜學訓練，以及在音樂和帶領崇拜上有恩賜的弟兄姊妹，組成編排崇拜的小組，羣策羣力，集思廣益，彼此信賴，互相配合，必定能夠為教會的崇拜，在編排和設計方面，帶來一定程度上的改進。

傳道同工們，你們對自己所牧養的會眾有多信任，以致你能讓他們有參與編排崇拜的空間？弟兄姊妹們，你們對崇拜學有多少負擔和感動，在崇拜學上有多少裝備，對教會有多少委身，以致當牧師傳道向你招手，邀請你參與計劃崇拜時，你會否欣然接受這份重要的職事？

「正如我們一個身子上有好些肢體，肢體也不都是一樣的用處。」求主幫助，使我們有合一的心，學習彼此信任，互相配搭，共同為主的事工盡上自己的本份，阿們。

誰可編排崇拜？

今期繼續和大家談論有關邀請信徒加入編排崇拜的課題。究竟怎樣的信徒才合適擔當編排崇拜的事工？Norma deWaal Malefyt 和 Howard Vanderwell 在二〇〇五年新出版的著作 *Designing Worship Together：Models and Strategies for Worship Planning* 中（筆者誠意向大家推薦這著作），對此課題有很好的討論，現引述其中的一些內容。

一個計劃和編排崇拜的人，須具備心態（heart）和頭腦（head）兩方面的條件。

心態方面

一、**敬畏神的心**：他本身須是一個虔誠的敬拜者，心悅誠服在聖潔、偉大的創造主前謙卑俯伏敬拜的人。如啟示錄七章十二節所說：「頌讚、榮耀、智慧、感謝、尊貴、權柄、大力，都歸與我們的神，直到永永遠遠。阿們。」

二、**作祭司的心**：雖然今日主耶穌已成為我們的大祭司，但計劃崇拜者仍可被視作有祭司的職分。透過選材、編排、設計和帶領，幫助人經歷神的同在。

三、**追求屬靈生命成長的心**：惟有不斷在屬靈生命上有追求的人，才明白神的心意，才能與神同行。惟有這樣的人，才能編排出敏於會眾、建基於聖經和神學，並取悅神的崇拜。

四、**愛教會的心**：愛教會包括明白教會的歷史、文化、現況和會眾的情況。惟有愛教會的人，才能編排出適合教會的崇拜。

五、**牧者的心**：須有一個了解會眾的需要和傷痛，關顧會眾軟弱的牧者心腸。我們藉著崇拜可以崇拜神，但神也會藉崇拜的項目對我們説話。適切的崇拜內容和主題，可以餵養信徒的靈命。

頭腦方面

一、**崇拜神學的認識**：惟有對崇拜神學有認識的人，才能編排有聖經和神學作基礎，而非單憑感覺或純以效益作出發點的崇拜。

二、**重視崇拜**：認定崇拜是每位信徒最重要的部分。從廣義來説，崇拜不單是主日的活動，更是每時每刻與主同行的生活模式。

三、**願意謙卑服事**：編崇拜雖然是重要的事工，但肩負此事工的人，必須學習謙卑，不可高舉個人。相反，應具備服事眾人，默默為主作工的態度。

四、**願意和諧共處**：一如前文所説，編崇拜不是由一人全權負責，而是由一組人負責。組員必須具備接受意見和批評的開放態度，彼此互重互諒，建立誠信，以基督的心為心，同心合意發揮團隊的作用和效果。

五、**明白自己的角色**：編排崇拜是一項特別的事工；一方面我們要持守聖經的真理、神學的原則和教會的傳統來編排崇拜，但另一方面我們又需要了解和體諒會眾的需要。在兩者之間，我們須保持一個美好的平衡。

六、**與組員溝通的技巧**：縱然有美好的意念，但如果不能透過語言有效地傳遞心中所想，原先的意念便可能被誤會、扭曲或被削弱。因此在集體的創作中，每位組員都應具備清晰的表達能力和良好的溝通技巧。

弟兄姊妹，你們有否參與編排崇拜的負擔？有否具備上述的條件？

「神是個靈，所以拜祂的必須用心靈和誠實拜祂。」求主幫助，使我們成為以心靈和誠實兩者兼備的敬拜者。阿們。

編排崇拜有感

作為教會的聖樂傳道，筆者其中一個工作是編排主日崇拜程序，包括設計流程、選詩、選經文等，以配合當日之講道內容。但筆者不是唯一一個編排崇拜的人，因為教會有一個崇拜小組，小組中有數人輪流負責編排崇拜。記得有一次編好了一個崇拜程序，在程序表付印前，崇拜小組其中一個成員向筆者提出了另一個建議，筆者覺得值得採納，所以便把原先安排在講道之後，由詩班獻唱的頌歌(anthem)，改為安排在講道之前獻唱。到了崇拜當日，我們按照更改了的編排程序進行崇拜。當天的講員是一位外來的講員，他講完道後，竟然邀請詩班再一次頌唱在講道前已獻唱之頌歌。崇拜後，筆者有機會和詩班和一些會眾分享這個特別的經驗；他們都不約而同的表示，詩班的頌歌在講道後獻唱最為恰當，因為無論是歌詞內容和音樂的造形和氣氛，都和當天的講道配合得天衣無縫。

這個特別的經驗，讓筆者有以下的一些反省：

一、**沒有完美無瑕的崇拜程序**：每位信徒都帶著不一樣的期望，懷著不一樣的心情，有著不一樣的屬靈光景來參與崇拜。因此，筆者相信沒有一個崇拜能夠完全滿足每一位信徒的需要。回顧過去筆者所編排的崇拜，會眾的反應都不是完全一致的，有時譭譽參半，有時更會得到一些令人驚訝的意見。就上述的個案為例，哪一個才是合宜的安排？實難有一全然客觀的定案。作為編排和設計崇拜的人，只能多研習崇拜學，以明白崇拜的真正意義，為自己建構一套合乎聖經和神學的崇拜觀，並以此作為編崇拜的基石。

二、**多聆聽別人的意見**：每個人都有自己的一套思想模式和習慣，這些個人的風格都會影響一個人所編排和設計的崇拜。筆者翻查自己曾經設計的崇拜程序，都可隱約看到自己的一些慣性形式。往好的方面來看，這是個人的風格，但從壞的方面來看，這就是每個人的盲點，一個無法跳出的框框。崇拜不應高舉個人風格，相反的，應多樣化，以擴闊會眾的崇拜經驗。因此，編崇拜者應多聽取別人的意見，拋開個人的執著，多作嘗試。

三、**崇拜是聖靈的工作**：很多時我們想盡辦法，用盡心思，再加上各樣的資源，務求設計編排一個令會眾深刻難忘，讓會眾有美好屬靈經歷的崇拜。但很多時如果我們單依賴個人的智慧，卻落得弄巧反拙，崇拜不但不討好，更變成差強人意的編排。箇中原因，是因為我們忘記崇拜是屬靈的經歷，是聖靈的工作，不是靠個人的力量可以成事。雖然筆者不會否認客觀的環境因素能影響人的敬拜，但歸根究底，真正的神人經歷，不是透過或靠賴甚麼外在的因素和環境。在此，筆者想起了保羅在哥林多前書三章七節中提醒我們說：「我栽種了，亞波羅澆灌了，惟有神叫他生長。可見栽種的，算不得甚麼，澆灌的，也算不得甚麼，只在那叫他生長的神。」當然這不會成為我們不將最好的編排獻上，但卻不要忘記祈求從神而來的感動與智慧去編崇拜。

弟兄姊妹，你們又以甚麼的心態來編排崇拜？

求聖靈賜下感動，又讓我們能夠盡心竭力去設計和編排每個崇拜程序。期盼每個崇拜，主的名被高舉，每個會眾的心靈被甦醒。阿們。

崇拜的主題

提到六月的第三主日，相信大家都會想到當天是父親節。今日有不少非禮儀傳統的教會，都會以一些民間的節期作主日崇拜的名稱，並以講壇的信息作配合。因此，我們會見過甚麼「父親節主日」、「母親節主日」、「婦女節主日」等名稱。在母親節主日或婦女節主日，教會又會特意邀請女性作講員，以顯出這兩個主日之獨特性。此外，也有一些教會把主日定名為「聖樂主日」、「主日學主日」、「助道部主日」、「差傳主日」、「宣教主日」、「佈道主日」。這類崇拜，主要是以教會的事工為題，目的是提高會眾對這些事工的重視。因此，在這類的主日崇拜中，教會會安排相關事工部門的領袖，分享或報告他部門的事工，一方面讓會眾更了解該部門的運作，另一方面也有宣傳作用，藉此呼籲會眾加入他們事奉的行列。

在禮儀傳統的教會，主日崇拜的編排多以教會年曆作基石。教會年曆透過聖誕週期、復活週期和其他的節期，讓會眾在每個主日聚集敬拜時，一同記念和慶祝基督代贖的恩典和祂戰勝死亡的權柄和能力，且更期待基督將來再臨所帶來的永生盼望和福樂。教會年曆的中心是基督的生平，藉著基督的出生——聖誕週期，直到基督的被釘、埋葬和復活——復活週期，讓會眾在崇拜中去記念主，是一個以基督為中心的崇拜觀。教會年曆提醒信徒，生命乃繫於教會的元首耶穌基督。神掌管世界的歷史，也帶領信徒的生命。基督降臨世間，在歷史中與人相遇。教會今天在崇拜中重溫基督的生平時，讓信徒體會神救恩的實在。從一個「基督徒時間觀」的角度來看，教會年曆不單和節期和崇拜有關，更是信徒對時間的意義及運用的了解。當中展示基督降世與歷史時空的關係，並且顯示基督的降生，如何改變了信徒的時間觀，以及基督對信徒的重要性。

從崇拜學的角度來看，崇拜必須以三一神為中心。信徒出席主日崇拜，為的是來敬拜神。從教會年曆的角度來看，一些強調民間節期或事工的崇拜，在一定程度上削弱了以基督為中心的崇拜觀。

今天所見，有些教會的崇拜，講壇的信息，變成仿似專題講座。有些崇拜的形式和風格，變成了一場娛樂性豐富、令人目不暇給的表演。有些崇拜，為了吸引更多的信徒，特意邀請廣為人認識的講員，使崇拜變得活像一場「名嘴秀」。有些教會為了推動事工，使崇拜看似一個招聘會。林林種種的形式，都有一個共通的特色，就是以人和事工為中心，忽略了「以神為中心」這基本但重要的崇拜理念。

雖然因著宗派傳統的差異，不是每一間教會都會採用教會年曆，但教會年曆清晰地引領敬拜者聚焦於基督身上的原則，卻可讓我們反省及檢視個別教會的崇拜，有否偏離以神為中心這基要原則。因此，大家實在有需要多些認識和了解教會年曆。

各位弟兄姊妹，你對教會年曆有多少的認識？

求主幫助，使我們不會以事工和事奉來取代主祢自己。以滿足自己私慾的心來取代敬拜主的心。阿們。

經課

筆者十分欣賞禮儀教會看重宣讀神話語的傳統。禮儀教會有「經課」的傳統，經課一詞，是指從聖經裏選擇經文，經過整理及編排次序，在崇拜中用作宣讀。經課在教會傳統已有很悠久的歷史，追溯至猶太人在會堂選讀經文的傳統。在新約路加福音四章十六節記載：「耶穌來到拿撒勒，就是他長大的地方。在安息日，照他平常的規矩進了會堂，站起來要念聖經。」

現今大部分禮儀教會所採用的經課，於一九九二年重新修訂，以教會年曆作為基礎，為教會的崇拜編定以三年為一循環的宣讀和宣講經文。經課的經文一般有四段，包括兩段舊約和兩段新約經文。舊約經文中，其中一段取材自詩篇，另一段取自其他經卷。新約的經文中，其中一段取材自福音書，而另一段則來自其他書信。這樣的組合，經過細意的編排，既可平衡新舊兩約，也使兩約的信息互相呼應。經課的編排以福音書作基本框架，以基督的生平和職事為中心，這安排是為要提醒會眾，他們的生命乃繫於教會的元首耶穌基督，提醒會眾在崇拜中，將注意聚焦在基督的身上。

非禮儀教會可能對經課感到陌生，又或者在自己宗派的傳統裏，較難在崇拜中實踐經課式的經文宣讀。但如果我們同意在崇拜中宣讀話語的重要性，我們仍可在現存的崇拜傳統中，加重宣讀聖經的部分，以下是一些提議：

一、**以經文作宣召**：顧名思義，宣召是一個公開的召喚，提醒會眾聚集崇拜的目的，喚起會眾敬虔的情懷，讓會眾聚焦在神的身上。詩篇充滿了可用作宣召的經文。例如：詩四十七：1-2；九十五：6-7；九十六：1-4；九十八：4-6；九十九：9。詩篇既有詩人信心的經歷，又有崇拜的場合為背景，清楚訓示我們要時常敬拜、傳揚和讚美神。

二、**經文輪讀**：選讀的經文，以領會者和會眾輪流宣讀，可增加會眾的參與性。一些在昔日編印的詩集裏，大都包括這類形的經文，以主題作編排，稱為啟應經文。但當我們細心檢視，便發覺其實這些經文未必所有都有啟應、或互相呼應的架構。因此，當選用這些現成的啟應文時，我們可改稱為經文輪讀。所選用的經文可配合當天的講道內容，也可配合教會的不同節期，又或以系列形式自行編定。經文輪讀，除了由領會者與會眾輪讀，也可嘗試按經文的內容，讓詩班與領會者，或詩班與會眾輪讀，以增加讀經的趣味性與變化。

三、**禮儀教會有祈禱手冊，可以照讀**：但這做法卻常被人以為詬病，認為讀出來不是發自內心。但其實崇拜中的領禱者若能在事前好好準備，多加思想祈禱的內容，並將禱文寫下來，以致當真正領禱時，禱文更流暢，內容更能聚焦和有向度。如果能夠在禱文中加上適切的經文，讓神滿有能力的話語親自安慰或提醒會眾，必能使禱告更有力量。經文成為心聲，必蒙神的悅納，令會眾引起共鳴，齊聲說阿們。

「我將祢的話藏在心裏，免得我得罪祢」(詩一一九：11)。今日我們是否忘記了神話語的重要？

「神的恩言超越年代，是人生命好信息。是希望泉，永遠存在，勞苦憂驚得護庇。」求主幫助我們，信靠和堅守主的道。阿們。

婚禮是教會禮儀？

假如有人問婚禮中的主角是誰，你會怎樣回答？相信很多人不假思索，便說是新郎和新娘。不錯，兩人的婚禮，主角當然就是一對新人。所以平時慣穿牛仔褲襯衫的新郎，也會穿上醒目的「踢死兔」；平時不施脂粉的新娘，也會塗上濃妝。二人以最英俊和最美麗的狀態示人。就算連與會的親朋戚友，也不敢怠慢，大都穿上「飲衫」來捧場。再加上溫馨的場地佈置，可愛的花童，務求令這一生人一次的大事，盡善盡美，畢生難忘。

筆者認識不少音樂界的朋友，也曾出席這些友好的婚禮，當中有一些婚禮設計特別，音樂的內容特別豐富。記得其中有一個婚禮，由於一對新人都是「唱得」之人，因此，婚禮變成了一個演唱會般。當中所選用的音樂，有不少是流行曲中的情歌。一對新人看似「情侶檔」的歌手，贏盡與會嘉賓的掌聲。

今天究竟神在婚禮中有多重要？禮儀學教授韋雅各（James F. White）在他的著作 *Sacraments as God's Self Giving* 中，把教會的禮儀分為三大類：上主的（dominical）、使徒的（apostolic）和自然的（natural）。第一類包括浸禮和主餐禮；第二類包括堅振禮、復和、洗臉和抹油等；第三類則包括婚禮和葬禮。

韋柏在他的著作《經驗神醫治的大能：崇拜中的禮儀》指出：

「按希伯來人的觀念，婚姻是植根於創造教義。神是創造者，而男人女人都是按神的形象被造。婚姻的意象也用於表達神與以色列人立約的關係。標記神與以色列人立約的儀節，就好像婚姻的儀式，有矢志忠貞的誓約和聯合的象徵。舊約中婚姻的觀念，延伸至新約。只是婚姻不再象徵耶和華與以色列的關係，卻成為表達基督與教會的關係的一個先知式象徵。

「最中心的一幅圖象是基督為教會捨棄自己(弗五：25)。祂捨己的愛就成為婚姻基本的神聖行動。因著基督捨己的愛，若妻子順服丈夫，像教會順服基督一樣；而丈夫對待妻子，像基督愛教會，為教會捨己一樣，則他們的婚姻關係是全然基督化。

「這種婚姻所以取得成果，是基於相互服事的奧秘。並不是男人管轄女人，事事發號施令，也不是女人反過來操控男人，而是丈夫和妻子彼此順服，實踐象徵基督與教會的一種關係。」

根據以上兩位神學家所言，婚禮是教會禮儀的一種，婚禮不單是一對新人全然擁有的「私人派對」，它更是二人在眾人面前公開的承諾，演繹基督與教會之間的關係。似乎我們有需要檢視現今婚禮的內容：是否只著眼人的角色？是否能表達新舊約對婚姻的理念？是否能高舉神在婚姻之重要性？所採用的詩歌是否過於屬世？歌詞所描寫的是否只是人間的愛，而欠缺對神愛的表彰？婚禮內容是否能夠讓未信的嘉賓，體會基督徒的婚禮與非信徒的婚禮之異同？

感謝主為人類設立婚姻。祈求主，我們不單可以透過每個婚禮，看到人間始至不渝的愛，更反省到神祢是愛的根源。「我們愛因為神先愛我們。」阿們。

專文：崇拜的計劃

周君善

（香港浸信會神學院道學碩士、美國崇拜研究學院博士候選人、美國波士頓華人佈道會助理牧師）

教會的崇拜進入二十一世紀時，已有許多不同的轉變。從十六世紀馬丁路德宗教改革後，基督教在崇拜禮儀上仍在不斷的「改革」中。從路德宗及聖公會的禮儀崇拜模式，到重洗派影響之下的自由崇拜模式，到十八世紀約翰衛斯理的循道會，介乎禮儀及自由之間。十九世紀的福音運動，將帳幕佈道聚會方式搬到主日崇拜當中，而二十世紀的靈恩運動更形式另一類為信徒廣泛接受的音樂敬拜式的崇拜。二十一世紀的崇拜，可以說是被「混和式」或「揉合式」推動著。

華人教會對於崇拜聚會很少花心思時間去計劃，這樣說似乎有點不公平，因為教會中不同的人其實用不同的方式去計劃和預備。牧師傳道專心預備講道、詩班花時間預備獻唱、敬拜小組自行處理唱詩時間及選詩。通常，崇拜主席總是在主日當天才知道當日崇拜有甚麼程序，而且他自己隨意的帶領崇拜中的禱告。崇拜聚會需要計劃嗎？怎樣計劃呢？

我在美國波士頓所事奉的華人教會於二〇〇三年一月購買了一座具有一百多年歷史的很古色古香的教堂（原本是一所公理會的堂址），有一座管風琴、有彩色玻璃窗、有一座雲石的聖餐桌、又有高的樓頂，有七百個座位。於是，教會也委派我負責組成一個核心小組在新的堂址計劃開設多一堂的中文崇拜聚會。在這樣一個美麗的禮堂計劃崇拜是興奮的，而且甚具挑戰。終於在二〇〇三年九月開始第一次崇拜聚會時，與崇拜委員會花了半年的商討時間，設計了一個「四疊式」（Four-Fold Worship）的崇拜。這是一個揉合式的崇拜，嘗試將崇拜的神學和崇拜的歷史揉合，用現代的方式來表達。從二〇〇三年到現在差不多兩年的時間，我們也作過些微的修改，目的只有一個：願神得著當得的榮耀。讓我花一點時間介紹這「四疊崇拜」的內容。

一、一個四疊式的崇拜

時間	內容
9:10-9:15	序樂
9:15-9:40	聚集（Gathering）： • 宣召 • 頌讚 • 禱告
9:40-10:10	話語（The Word）： • 讀經（舊約、新約、福音書） • 講道
10:10-10:25	回應（Response）： • 回應詩 • 奉獻 • 聖餐（每月第一個主日） • 三一頌

10:25-10:30	宣揚(Going Forth)： • 祝福 • 歡迎／報告 • 彼此問安
10:30-10:32	殿樂
10:32-10:50	茶點及交通

崇拜主要分為四部分：聚集、話語、回應、宣揚。每一個部分都有不同的重點，而崇拜的每一個程序都集中在神的身上，使每一位敬拜者能經歷神的同在。第一部分是聚集，目的是幫助敬拜者預備心思意念來到全能的神面前獻上敬拜。所以，這部分以聖經的話作為宣召，提醒會眾敬拜的對象。接著是詩歌頌讚，藉音樂將人帶到神的面前。最後是禱告，是以祭司式的禱告方式(Bidding Prayer)進行。由牧者帶領會眾向神獻上讚美、感恩、祈求及認罪，然後以一首短歌《求主聽我求》作結束。目的是讓會眾自己可以參禱告。

第二部分是話語，目的是專心聆聽聖經的説話，明白神的心意。聖經的話是基督教信仰的根基，一般的福音派教會只著重講道，而不太著重誦讀聖經。希伯來書四章十二節提醒我們「神的道是活潑的、是有功效的……心中的思念和主意都能辨明。」所以，我們特別訓練一些弟兄姊妹專責讀經；並參照公禱書的安排，在每一個崇拜中宣讀一段舊約經文、一段新約經文，及一段福音書經文，在三年內將整本聖經讀完一次，有時也會按講道經文需要而調整。當然，講道仍然是著重的環節，會有足夠的時間給牧者講解聖經的真理。

第三部分是回應，這一部分主要包括奉獻和聖餐。領受了神的話之後，會眾藉詩歌來回應神藉聖經及講道的信息。然後，用金錢的奉獻來回應神的愛及犧牲。金錢的奉獻像舊約的獻祭，敬拜者預備敬拜的供物來到神的殿中獻上給神。每月一次的聖餐更是將這獻祭的行動具體的表明。耶穌基督自己成為了贖罪的羔羊，捨棄自己的身體、流出寶血而成就了救恩。牛頓堂的聖餐將以「來到主前」的方式實行。敬拜者離開自己的座位，行到聖餐桌前領受聖餐，表明對這救恩存感恩的心。

第四部分是宣揚，目的是願意以生活作為敬拜事奉。每一主日到聖殿的敬拜是週一至週六生活的高峯。而敬拜聚會的結束不意味信徒的敬拜生活的結束，相反，是事奉生活的開始。所以，在崇拜的最後部分是領受從神而來的祝福，然後將這福氣帶到其他的弟兄姊妹、身邊的朋友及教會以外的人的身上。所以，每一次聚會都以彼此問安作為結束。

基本上崇拜的程序及內容與一般福音派的崇拜模式差不多，最大的不同是整個崇拜的連貫性。崇拜是沒有崇拜主席的，每次都是由教牧同工帶領。再沒有「現在是講道時間……」、「現在是獻詩時間……」等的介紹。敬拜小組完結時，牧師會自行到台前帶領禱告。禱告之後，讀經員已預備好宣讀經文。每一個部分要負責的弟兄姊妹都預先知道，在崇拜時就堅守本份。這兩年來，聽到不少會友及新來賓的正面的回應。

二、 要明白崇拜的意義

計劃教會的崇拜，最重要是計劃崇拜的人要明白崇拜的意義。很多華人的信徒以為崇拜就是聽道、崇拜就是唱詩、崇拜就是來到教會。這只是崇拜的一些現象，未能明確的說明崇拜的真正意義。要計劃一個理想的崇拜聚會，所有參與崇拜事奉的人員都必先要明白崇拜的神學意義。一般的華人教會都會開設不同的課程幫助信徒去傳福音、帶領小組、帶領查經、如何帶領音樂敬拜、唱詩技巧等。很少有教會會定期開設課程幫助信徒明白崇拜的意義。不單教會沒有，而且神學院也沒有！崇拜學在許多福音派的神學院並不是必修的課程，也有不少的神學根本沒有崇拜學的提供。所以，造成普遍華人教會的信徒及部分的傳道人不太了解崇拜的意義。這有甚麼影響呢？最大的影響是有了崇拜聚會但卻沒有真正的崇拜。

崇拜是與神的相遇，敬拜者藉著不同的崇拜動作向神作出回應，經歷神的同在，就是一段與神相遇的時刻。所以，在崇拜中每一個的動作、每一個的環節都應該指向神。

所以，崇拜是應該以神為中心，這是崇拜基本的神學意義，因為神是我們敬拜的對象。但是，想一想，你的教會崇拜是以神為中心，還是以人為中心的呢？計劃一個以神為中心的崇拜，與計劃一個以人為中心的崇拜有何區別呢？如果崇拜是以神為中心，每一項崇拜的程序都應該可以幫助會眾帶到神的面前，對神有更深的認識。我們教會有六堂崇拜，其中有一堂崇拜有一個水準不錯的詩班。每一次詩班獻完詩之後，主席都說：「多謝詩班！」為甚麼要多謝詩班？為甚麼讀經員讀完聖經之後不說多謝某某弟兄，或收完奉獻之後多謝會友的捐獻，偏偏要多謝詩班！詩班獻唱是敬拜神的一個行動，是我們應份的，如果要多謝詩班，那一個應該是神而不是崇拜主席。我想，「多謝詩班」的崇拜主席也是無心的，因為每一個主席都這樣說，就照例加上一句。

在我們的崇拜中，有許多不需要、甚至是不當的說話，是因為我們沒有好好去思想及認識崇拜的真正意義。並且有一些的安排是從來沒有人覺得有問題的。舉例來說，許多教會都有設有不同的特別主日，如主日學主日、佈道主日、母親節主日等。其實這樣的安排能幫助我們對神的認識嗎？我這樣說並不一定是否定這些特別主日的價值，但是，我們不得不問：在主日崇拜定了一個這樣的標題，會更幫助信徒去思想神，還是思想事工？當教會有愈來愈多這些的特別主日時，崇拜的專注就落在事工上，在事奉的人員人身上，而不在神。好像母親節主日，各人在崇拜中會將注意力放在媽媽身上，希望她開心。媽媽是很偉大的，也真的要表達我們的致敬，但是，在崇拜聚會中卻不能以媽媽代替我們對上帝的尊崇。

要安排一個合神心意的崇拜，第一個基本的條件是明白崇拜的神學意義。明白崇拜的神學意義可從聖經的神學開始，會幕的崇拜、聖殿的崇拜、會堂的崇拜及早期教會的崇拜都可以在聖經中找到。愈明白崇拜的神學意義，就愈懂得怎樣去編排崇拜的內容。不單計劃崇拜的人要明白，會友更要明白。

三、 要明白崇拜程序的意義

很多崇拜主席都會說的話，卻並不一定合宜，「願神賜福祂的話」、「請詩班為我們獻詩」等。當然，這他們不一定是故意的，只是他們說了、做了，教牧同工也沒有覺得不對；於是每一位主席就繼續照著去說、照著去做。這都是與我們是否對崇拜神學的認識有關。

我深信在崇拜中應沒有多餘的說話，也沒有多餘的程序，每一項被編在崇拜中的程序一定有它的目的。作為堂會的牧者，應該重新思想崇拜中的每一項程序的神學意義，然後加以教導，使帶領崇拜者及前來崇拜者都能透過崇拜每一個部分經歷上帝的同在，更認識神，更能向神獻上崇拜。

以奉獻為例，相信沒有教會在崇拜中沒有這一項程序罷。多年前有一位會友向我說：「我覺得在崇拜中不應該傳奉獻袋，因為聖經說奉獻是甘心樂意的，傳奉獻袋給人有壓迫感，使人在沒有選擇之下奉獻。應該在禮堂裏設一奉獻箱，讓會友在崇拜前後自由奉獻。」你同意這樣的說法嗎？崇拜中的奉獻不是捐錢！上帝是充滿萬有的，也是萬有的賞賜者，難道要貪我們的錢嗎？崇拜中的奉獻是一個崇拜的行動，不在乎奉獻多少，只在乎向神表達順服，承認神是我們賞賜者。而奉獻這項程序，帶有舊約獻祭的意義，我們是帶著禮物來敬拜神。把禮物交給祭司，由祭司負責獻上。也有新約的含意，帶著禮物到神的面前。試問在崇拜所有程序中，有那一項程序比金錢奉獻更能代表新舊約獻祭的崇拜觀念？

為甚麼往往在奉獻時成為會友閱讀週刊的時間，或是與人談話，更甚的是暗中打電話訂位吃午餐！各位親愛的同工，及主內的弟兄姊妹，為何一項最能表達崇拜意義的程序變成一個我們毫不關心的行動呢？我曾在台灣一間教會聚會五年，他們有一個很好的安排。首先由牧師帶領及宣告，「我們現在藉著奉獻來表達我們對神的敬拜。」然而，司琴就開始彈出固定的奉獻歌，司事開始收奉獻，牧師會用默想方式讀出一、兩段有關奉獻的經文。收完奉獻之後，將所有奉獻袋放在一個銀製的奉獻盆裏，牧師將這盆舉起，會眾也起立同唱一首奉獻歌「……」，牧師獻上奉獻的禱告來結束。這雖然不一定是最好的安排，但是，這肯定是有目的的安排。

要讓會眾能透過崇拜去經歷神和認識神是必須要花上心思去安排每一項程序，小心思想在崇拜中所講的每一句說話。所以，參與崇拜編排、及事奉的人員，特別是崇拜主席，必須要清楚明白崇拜各項程序的意義。

結語

教會崇拜的更新已說了許多年，過去十年中大多數的華人教會都著重在敬拜音樂上去更新。但真正的「改革」應該從整體崇拜的計劃及編排做起，會眾回到教會參加崇拜是要經歷一個崇拜更新的旅程。而不是好像到歐洲旅行一樣，從一站到下一站，看了許多互不相關而美麗的景色。崇拜不是觀光團，不能抱著「到此一遊」的心態。一個有意義的旅遊也需要細心的策劃，所以，一個真實的崇拜更需要教牧與崇拜部努力的檢討和策劃，才能讓弟兄姊妹每週與主的相會成為一個難忘的經歷。

專文：教會年曆

許書煌

(香港中文大學神學學士、中華基督教會牧師、教會司琴培訓中心總幹事)

序言

人人都有生日。香港的華人一般都有兩個生日：一個是陽曆(或西曆)，一個是陰曆(或農曆)。因著不同曆法的計算或依據方法，在香港連新年也有兩個：新曆新年及農曆新年，慶祝的方式也各具特色。由古至今，各國各民族皆有自己的曆法和時令。教會由初期時代(primitive church)發展至現代(contemporary church)亦有一套屬於信仰羣體的曆法——「教會年曆」。

曆法

教會年曆的設計，是依據救主基督耶穌的一生，按著不同的階段系統地排列，編制讀經表及禱文，再配以禮儀情節，幫助信眾在公共崇拜及個人靈修生活中作信仰反省。一般人認為，教會的節期只得聖誕節和復活節兩個節期，有部分教會亦會將聖靈降臨節加入為恆常節期之一。近十多年，香港許多教會甚至舉行各式各樣的主日，如差傳主日、懇親主日、新春主日，香港主日、聖樂主日、培才主日，或是以介紹機構事工或推廣神學院的各種命名的主日充斥在教會的行事曆中；這種以功能性為重的主日編排正好反映出香港人獨特的心態和生活方式，但卻犧牲了教會年曆的神學基礎和意義，甚至扭曲了「主日」的真正意義。近年，以「香港人式」的價值心態（因利成便），在主日中更以「福音主日／佈道主日」和「敬拜主日」等作為主日的分類大行其道，完全歪曲了主日的意義。主日敬拜的源起，是來自新約教會時代，因為主耶穌基督是在第八日（七日的第一日，參：太二十八：1；可十六：2；路二十四：1；約二十：1）復活了。主日不是取代安息日，乃是安息日的賡續。每個主日皆是神的眾兒女同來敬拜神的時刻，難道只有「敬拜主日」才是敬拜，而其他的主日則只是信徒的集會？主日敬拜是信徒同來頌讚及將榮耀歸神，獻上生命為活祭；而福音主日／佈道主日是向未認識神、未聞福音的人為主要對象，信息亦以針對未信主的朋友而設的。如何能夠一舉兩得，如何能一邊帶領信仰羣體敬拜神，一邊向未信主的生命傳福音？筆者並不是反對舉行福音主日／佈道主日，如教會羣體欲在主日舉行福音主日，可以先帶領信徒一同敬拜讚美神，將榮耀頌讚歸神，崇拜後再安排特別聚會邀請未信主的家人或親友同來領受主的福音，相信更會蒙神所悅納。難道作為牧者，每週預備講章時的查考聖經，就可以等同於靈修的操練麼？因此，認識教會年曆是對我們的信仰體系尋根的途徑之一。

按時序（chronologically order）排列：教會年曆可以分成三個週期：

第一週期是聖誕週期（Christmas Cycle），這是一個靈修的節期，準備心迎接耶穌基督，祂是人類的救主，道成肉身來到我們中間。聖誕週期是從主降節（或稱：將臨節，advent）開始的。主降節是由記念基督耶穌降生日（十二月二十五日，註：此日是約於公元三三六年由羅馬官方所定的。）前四個主日計起，每一個主日皆有一特定焦點，由靈修、悔罪、等候和準備的階段，讓信眾預備好自己以迎接基督的誕降。然後是聖誕週期和主顯節（Epiphany）週期。聖誕節是最為受歡迎的節日，透過記念基督耶穌降生的大愛向世人宣告神的愛和救贖的大能。主顯節是記念主耶穌的降生、洗禮和祂在迦拿的婚筵上所行的第一個神蹟，藉以表明耶穌是彌賽亞，祂的誕降是為要拯救這世界和全人類。

跟著便是進入到第二個週期，復活節週期（Easter Cycle），週期內包括有四旬節週期（大齋期）、聖灰日、受難週和復活節週期。早期教會並不如我們今天那麼自由，基督徒經常因信仰緣故受著種種逼迫，甚至為主殉道。因此，早期的信徒多記念基督的受難與復活，遠多過記念主的降生；及至第三世紀，君士坦丁將基督教定為國教後，信徒才漸漸慶祝主的降生。基督的受難與復活，是與猶太人的逾越節有關。逾越節闡明神歷史與自然的勝利，而復活節更加上深層的屬靈意義：神除去罪惡與死亡，得著最終的勝利。四旬節週期乃復活節前四十日，稱為大齋期（Lent），信徒以禁食為預備，作為屬靈的操練。四旬節的第一日稱為聖灰日（Ash Wednesday），這是禮拜三，信徒在這日藉蒙灰來表示悔罪。由聖灰日至五旬節，說明了基督的生與死，以及復活。

隨之便是第三個週期，五旬節週期（Pentecost Cycle）。這個週期是最長的，但是節日卻最少的週期，其中可長達二十八個禮拜，包括：聖靈降臨節和三一節期。五旬節後，就有三一主日（Trinity Sunday）。聖靈降臨之後，神的啟示已經完成。三一節期是強調神臨在這世界，與教會和世人同在。因此，由三一主日開始直到主降節的第一個主日，教會年曆再有新的開始。這個循環差不多要到中世紀後期才正式被釐定。有些教會至今仍沿用讀經表（lectionary），供整年在主日禮拜讀經用的，其順序是依據教會年曆來編排舊約、新約書信和福音書的聖經經課。單憑本文簡短及顯淺的分享實未能盡述各節期的內容，有興趣者須詳細認識及考究才能完全掌握教會曆法的寶庫。這套曆法是教會二千年來的豐富遺產，筆者相信若是失傳了，將會是教會一大損失。

結語

今日許多傳統教會（traditional church）或禮儀教會（liturgical Church）皆有採用教會年曆作為教會年度行事曆之依據。可惜，許多信徒未能真正明白教會年曆的意義，錯過享受這歷代教會寶庫帶來的祝福之餘，更因缺乏了解而認為這只是沉悶和過時的禮儀程序，不及加入現代「多元化」的感觀元素的姿彩化敬拜般吸引。其實，當信徒願意用心神及時間去了解教會年曆，不但能鞏固我們的信仰基礎；藉以系統地默想主耶穌基督的一生，進一步更幫助我們建立一個活潑的靈命，在地上成為主合用的器皿。

崇拜程序的負責人

誰可擔當崇拜主席？

筆者猶記得少年助道會的年代，教會有一個十分熱心事奉的中年弟兄，被眾人選作事務部部長。這位弟兄在當選後的第一年，忠心於事奉的崗位，教會中事無大小，只要是和事務性有關的工作，他都親力親為，出錢出力。還記得有一次，教會禮堂旁空地入口處的鐵閘和相連的圍牆，因颱風吹襲而倒塌了。教會正為修建圍牆和鐵閘的費用周章之際，這位弟兄自動請纓，願意承擔工程及支付所需的材料費用。跟著的一個星期裏，我們看到這位弟兄，帶同他的兩位兒子，每天都在教會修補圍牆。他們父子三人共用了五天的時間，才完成整項工程。還記得全教會上下都對這位弟兄的事奉，讚口不絕。

這位弟兄當了兩年事務部部長後，便向教牧提出，希望能在崇拜中擔任主席。但他的要求，被教牧婉拒了。主要原因，其實大家都十分明白，是因為他的廣東話帶有十分濃厚的潮州口音，大部分會友在平時和他交談時，也無法完全明白他談話的內容。因此牧師認為他不太適合擔當主席。這位弟兄知道牧師的決定後，感到十分憤怒，因為他覺得自己一直以來都熱心事奉，加上自己已有作教會領袖的經驗，在會友當中又有一定之認受性，在崇拜中擔當主席，是理所當然的一回事。最後當這位弟兄知道無論如何也不能擔任崇拜主席，他便憤而離開教會。

以上所講述的一件事件，雖然事隔多年，但仍帶出了一個直至今日仍然令教會頭痛的難題，就是教會是根據甚麼條件去選擇會友擔當崇拜的主席呢？是會友的年資？是會友在教會的地位？是會友在教會的認受性？是會友的事奉崗位？是會友的屬靈生命？抑或是會友的恩賜？

如果他是執事會主席，但他卻在崇拜中，美其名是禱告，卻以禱告的內容來教訓會友，又或指桑罵槐地控訴會友，他還適合當崇拜的主席嗎？

如果他是教會資深的長執，但因年事已高，思想較遲緩，說話也十分緩慢，當主席時，總令整個崇拜流程變得十分緩慢及缺乏生氣，他還適合當崇拜主席嗎？

如果有一位會友，他在教會十分熱心事奉，在教會的認受性也高，但當他在崇拜當主席，讀經文和祈禱總是斷斷續續，十分不流暢，他適合當崇拜主席嗎？

如果有一位會友，他口齒伶俐，讀經文清晰又有感情，祈禱的用字華美及講究，但眾人都知道他在崇拜前，從來沒有為作主席的事奉好好作準備，他還適合當崇拜主席嗎？

如果有一位會友，他有事奉的熱心，受會眾的愛戴，讀經和祈禱雖然不算得很好，但也不太差勁，而且似乎正在進步和改善，教會還應該讓他繼續在崇拜中當主席，多些機會作練習嗎？

如果有一位熱心又資深的會友，他一直都有擔任崇拜主席，但近日他因中風的緣故，出現口齒不靈、說話不清的情況，他還適合擔當崇拜主席嗎？

如果有一位教會領袖對教會十分有貢獻，完全沒有作主席的條件，但他二十多年來都一直當崇拜主席，我們應該停止他作主席的事奉嗎？

怎樣的信徒，才可當崇拜主席？崇拜主席的職分又是甚麼呢？

親愛的天父，求祢賜我們一個單純事奉的心，以致我們的事奉不是為一己的私慾，不是為炫耀自己的才能，乃是為要榮耀祢的名。阿們。

神是崇拜唯一的觀衆

上文和讀者思想了一些有關作主席的問題，本文繼續這方面的探討。作為一個崇拜主席（或主禮），應該注意以下的一些事項：

一、**神是崇拜中的主角**：會眾出席崇拜乃是為敬拜神，神是我們敬拜的主角和原因。主席不應把自己塑造成崇拜中的主角和台上的焦點，褫奪了神的榮耀。主席所講的説話和祈禱，都應做到能夠幫助會眾聚焦在神身上。個人的分享，或一些主觀的論調和觀點，都不合用於集體崇拜裏。

二、**神是崇拜唯一的觀眾**：神學家齊克果（Søren Kierkegaard）曾經將崇拜比作一台戲，所有崇拜中的會眾都有分參與演出，而觀眾只有一位，就是我們的神。從這個角度來看，台下的會眾不是在觀賞演出，台上的主席也不是主角。主席只是像一位提場，責任在於主持整個崇拜的流程，保持程序間之順暢。

三、**對整個崇拜的程序和流程瞭如指掌**：為了令整個崇拜過程順暢，主席須了解每項崇拜程序的意義。他也需要對整個崇拜的鋪排有全面的了解，明白程序與程序之間的相互關係，以致運用合宜的説話，把程序串連，不致令程序失去應有的整體性，令整個崇拜變得項目化（itemize）。筆者所見，有一些原先設計得很好，很有意義的崇拜，由於主領的人不了解當中的鋪排，未能把其精要的部分帶出，平白浪費了一個美好的設計。

四、**說話言簡意賅**：主席的說話應該簡明而扼要，三言兩語交代要表達的內容，不應長篇大論，滔滔不絕。與崇拜內容毫無關連的說話，更應該避免在崇拜中出現。

五、**莊重的言詞**：今日不少人在崇拜中過於高舉神的慈愛，認為崇拜應該是輕鬆寫意。我們要緊記神也是公義的神，是輕慢不得的。朝見神是一件嚴肅的事情。我們不要把「莊重嚴肅」誤作「沉悶」和「不合時宜」。

六、**非語言性的表達**：主席除了小心說話的技巧和內容外，也應注意非語言的表達(nonverbal communication)。這些包括服飾、髮型、身體語言、面部表情等。得體但不奪目的服飾，配合年齡、身分但不過時的髮型，自然不誇張的身體動作，討人喜悅的笑容，都能帶給會眾一個合宜的印象。

七、**會眾的認受性**：一位在教會中為人熟悉的信徒，是較合適當主席的。如果會眾對他有親切感和接納他，便會較容易作帶領。此外，他亦相對較明白和了解這羣體的文化和處境，有助他把羣體的需要在公禱中彼此作代求，藉祈禱互相守望。

八、**活潑的靈命**：要作崇拜中的帶領者，本身必須是一個渴望與神親近的敬拜者。主席本身的屬靈生命，日常在祈禱方面的操練，對神話語的重視，都會在他崇拜中的言詞、讀經和公禱中流露出來，這些都是無法裝扮的。此外，作主席的，也應在每次擔負這職事前，以祈禱好好的準備自己：先求神赦罪，然後謙卑順服在主面前，倒空自己，求神親自的賜力量及使用。

崇拜中作主席或主禮的兄姊，你們對上述的論點有多少的共鳴？

鑒察人心又體恤人軟弱的主啊，求祢幫助我們成為生命與技巧並重、表裏一致的事奉者。阿們。

僕人領袖的屬靈品格和形象

作者白高理(Michael J. Begolly)在其著作 *Leading the Assembly in Prayer: A Practical Guide for Lay and Ordained Presiders* 中，對於作主席或主禮者，有很好的提醒，現撮要其中的一些內容和讀者分享。

所有的事工(ministry)都建基於基督在世的事工，因此，我們可以從基督的身上，學習到作主禮者應有的屬靈品格和形象：

一、**僕人的形象(servant)**：「因為人子來，並不是要受人的服事，乃是要服事人」(可十：45)。耶穌的一生，為我們樹立了奴僕的榜樣。他常教導門徒不要戀棧首位，單要學習謙卑的服事。主席是服事的職事，在崇拜中以歡迎的言詞，宣讀神的話語和祈禱的職事來服事他所屬的羣體。主席需要帶領(lead)但不是要駕御(dominate)他的會眾，他是一個「僕人領袖」(servant-leader)，透過他的説話與祈禱，讓會眾聚焦神的身上，體會神臨在的榮耀，又鼓勵會眾積極地敬拜、回應神。

二、**禱告者的形象(one who prays)**：在福音書，特別是路加福音，讓我們知道耶穌是一個時常祈禱的人。從他受浸(路三：21)直至他在十字架上最後的時刻(路二十三：46)，他都不忘祈禱。祈禱是耶穌與父神建立關係的基礎，是他在事工上得力的源頭。主席也要透過祈禱，與神建立和保持一個良好的關係。若要帶領會眾在集體敬拜中祈禱，主席本身須看重祈禱，有私下禱告的生活，一個與神同行的屬靈光景。一個不相信禱告力量的主席，在帶領會眾祈禱時，必然顯得乏力。

三、**好牧人的形象(shepherd)**：「我是好牧人」(約十：11)，耶穌是我們的好牧人，好牧人體會人的需要，有憐憫人的心腸(太十四：14)。主教導我們要愛我們的鄰舍，甚至愛我們的仇敵。主席應與他所服事的羣體建立關係，要對他們有愛顧、憐憫、關懷的心，敏感於他們的需要，體察他們所經歷的困難。藉崇拜中的祈禱，主席將會眾的需要帶到神的座前祈求，主席不單自己實踐關愛，也鼓勵會眾彼此守望代禱，加強彼此間的信任與關懷。

四、**先知的形象(prophet)**：耶穌見證神的大能(路七：16)，宣告「被擄的得釋放，瞎眼的得看見，叫那受壓制的得自由」(路四：18)，指控制度與強權的偽善(太二十三：1-36)。主席要有勇氣指出羣體中，甚至社會上的不公平，會眾之中的罪行。但在指出之餘，主席又要時常提醒會眾基督所帶來的盼望與能力，以致會眾雖暫時落在百般試鍊中，仍然心存盼望，靠著主剛強地度過每天的生活。主席的祈禱，可帶給會眾提醒與安慰。

作主席的眾兄姊，我們究竟與基督所建立的形象，有多大的距離？

親愛的主耶穌，我們願意以祢作榜樣，學習作僕人去謙卑服事；作禱告者去仰望祈求；作牧養者去關懷憐憫；作先知去提醒和安慰。我們承認自己的軟弱，求主剛強。阿們。

領詩者對會眾的影響

崇拜中會眾唱詩時，除了由樂器伴奏外，大都有領詩帶領。領詩的職責是甚麼？從其稱謂，我們可以說領詩的責任就是要帶領會眾一同頌唱。在一九七五年由美國浸信會聯會出版的一本名為 *Congregational Singing* 的書，當中討論有關領詩的角色時，提到作為領詩，可以在三方面影響會眾。

一、**屬靈方面** (spiritually)：能夠被選作崇拜中的領詩，一般都是一些在教會有相當年日的信徒。他們在教會中大都為人所熟悉，有一定的認受性。他們在待人接物方面相當成熟，在屬靈方面，也表現得有基督徒的樣式。雖然有些領詩在教會的年日不多，但仍然擔當領詩的角色。這些可能是教會的音樂傳道，因著在教會的身分，他們都可擔當領詩。此外，有些教會由於音樂人才的短缺，也會聘請教會以外的音樂人充當領詩，他們雖然不是傳道人，但因著他們在音樂上的恩賜和樂意事奉的心，也可勝任領詩一職。

二、**外表方面** (physically)：領詩大都站在台上帶領會眾唱詩，自然也是每位會眾所注視的對象。作為帶領者，首先要有自信的態度，這份自信來自他的體態、說話的語調和指揮的動作。此外，他必須表現出他對唱歌的熱愛，而最能表達這份熱愛的，就是領詩的面部表情：討人好感的笑容和自然的歌唱形態。因著他唱歌的熱忱，會眾也會被感染。試想想，一個沒精打采，對唱歌毫不起勁的領詩，又如何能夠引起會眾唱詩的意欲。另一方面，領詩也需和會眾有眼神的交流。有些領詩只專注在自己的歌聲裏，閉上眼，表現得十分陶醉的樣子。我們不要忘記，會眾唱詩是集體的敬拜行動，帶領者須和會眾有一定程度的交流。

三、**音樂方面**(musically)：領詩須有一把悅耳的歌聲。悅耳不一定是指唱歌技巧超卓。能夠有信心、唱準音和節奏、不刺耳和有相當聲量的聲音便可以。有些領詩還需要負責選詩，因此，選擇合宜的詩歌，採用恰當的速度頌唱，也列入音樂方面的要求。

依筆者所見，領詩可以分為兩類：沒有運用指揮動作的領詩和運用指揮動作的領詩。沒有運用指揮動作的領詩，通常向會眾宣佈所頌唱的詩歌之歌名和編號後，便會讓司琴彈奏前奏，跟著便和會眾一同唱。嚴格來説，這類的領詩其實在音樂上並沒有作任何帶領的角色，他只是像一個報幕員，宣佈下一個項目。會眾能夠一致的齊唱，主要是由於大家都跟著琴音。除非領詩的唱歌聲量較琴音為大，否則，帶領會眾唱詩者是司琴而不是領詩。

至於第二類的領詩，就好像詩班的指揮，他們會透過指揮的動作，帶領司琴和會眾，以一致的速度來頌唱。如果會眾訓練有素，更可透過領詩指揮動作的大小和形態，一同唱出不同的音量和效果來演繹不一樣的歌詞內容。從上述的討論，相信大家都會明白，作為第二類的指揮，須有一定的音樂修養。我們將會在下一篇文章繼續探究，作為這一類的指揮，所應具備的條件和所須知。

讀者們，你是否一個稱職的領詩？

求主幫助，使我們在屬靈生命、表達能力和音樂演繹三方面，不斷進步，以致成為一個稱職的領詩。阿們。

做個稱職的領詩

承接上文的討論，本文繼續探討有關崇拜領詩的課題。作為一個稱職的領詩，須注意以下的一些事項：

一、**預習**：除非是無伴奏的清唱，否則領詩必須和司琴伙拍。在崇拜以前，領詩須和司琴另覓時間練習，彼此了解樂曲的速度、處理、變化和重唱的次數等；如果是風琴作伴奏，更需要對選擇音栓方面有共識。我們要明白一個事實，就是一般而言，司琴在音樂上的訓練和背景，往往較領詩為多，因此，領詩可藉預習，與司琴交流處理樂曲的意見。此外，領詩亦可藉此機會了解司琴是否已熟習所要唱的樂曲。

二、**指揮**：領詩可透過指揮動作讓司琴及會眾掌握樂曲的速度、風格和聲量。指揮動作須簡單清楚，捨花巧而取實而不華，令人一目了然，容易掌握。領詩如果希望藉指揮動作來控制司琴和會眾的速度和演繹，更需有熟練的指揮技巧。指揮的技巧不是俯拾即是，好像彈奏任何樂器一樣，要經多番練習才能揮灑自如。

三、**歌聲**：領詩不一定要有優美的獨唱歌聲，如能具備，當然更好。但必須唱歌音準，並且熟練樂曲旋律，透徹了解歌詞內容所表達的信息。歌聲需要有一定的聲量，不能軟弱無力，要有好的氣息支持，令歌聲有好的投射。但另一方面，領詩不應只懂炫耀歌喉，以致歌聲全然掩蓋會眾的歌聲（有時可能是音響控制員的操控失當所導致），唱會眾詩的精神，在於集體參與，同心合意讚美神，而不是要標榜某些人的歌喉。

四、速度：要令會眾唱得舒服，詩歌內容和意思演繹得合宜，選擇恰當的速度至為重要。領詩亦可因應歌詞和音樂上的需要而改變速度。例如最後一節選用較慢的速度，又或在整首詩歌結束前放慢速度。此外，領詩也不要忘記，場地的音響效果、會眾的精神狀況、詩歌的熟悉程度、與崇拜中其他程序的配合等因素，也會影響我們對速度的決定。速度之變化須合理和自然，領詩切忌為了表現自己控制大局，任意地隨時改變樂曲的速度，令司琴和會眾無所適從。

五、引言：領詩除宣佈詩歌的編號和歌名外，亦可加上一些提示，以突顯詩歌的內容。例如唱《祢真偉大》前，可以説：「希望我們經歷了昨天雷電交加的暴風雨晚上，我們對神的創造和權能有更深刻的體會。以致今天早上我們能夠藉著《祢真偉大》這首詩歌，向神心悦誠服地讚美説：『我靈歌唱，讚美救主我神，祢真偉大，何等偉大』。」又或者唱《彼此服事》前，要求會眾説：「這首詩歌內容提醒我們要學習互相服事和接納。我邀請大家唱這首詩時，兩人共用一本詩集，彼此體會一下互相遷就和接納。」這些引言，能加深會眾對詩歌內容意義的印象。這種做法，最重要的原則，就是言簡意賅，太多個人化對詩歌感受的分享或與詩歌內容無關的言語，應盡量避免。

各位領詩，你對自己所負責的職分有多少認識和了解？你現時所具備的能力和技巧又是否令你勝任作一位領詩？

「所求於管家的是要他有忠心。」求主讓我們在事奉心態和技巧上不斷成長，作一個忠心事奉的人。阿們。

讀經員的基本條件

過去兩週已和讀者提及在崇拜中宣讀經文的重要性。其實使徒保羅也曾提醒提摩太：「你要以宣讀、勸勉、教導為念，直等到我來」(提前四：13)。這段經文，再次讓我們看到宣讀話語的重要。其實我們很多時並非不重視神的話語，只是當經文由一個沒有充足準備的讀經員(或主席)讀出時，讀經員對經文內容不甚了解，在語調平淡乏味、語句斷斷續續及偶有出現的讀錯字的影響下，經文原來的意思變得體無完膚，經文原來的信息便被大打折扣。

筆者想藉本文和大家思想作為讀經員應注意的一些事項：

一、**基本條件**：讀經員須具備好的嗓子，男的聲音寬宏雄壯，給人有穩重的感覺。女的則清脆圓潤，但不至聲尖刺耳，又或過於嬌嗲。有些人的聲音，經過麥克風後，會變得更動聽，我們所謂的「入咪」，這樣的聲音十分適合作讀經員。此外，有些人談話和誦讀的聲音有差別，因此如要選擇合適的讀經員，不要單憑他日常說話的聲音，也要透過誦讀和麥克風來驗正。

二、**分析及了解經文的內容**：讀經員須分析研究經文的內容，理解經文的中心思想及當中的思想感情。掌握經文的時代背景，寫作的動機和對象，都有助於演繹所宣讀的經文。誦讀的過程，就是透過聲音去演繹，描繪一幅圖畫給聽眾。惟有透過對經文的透徹了解，讀經員才知道怎樣選用合適而抑揚的語調、豐富的感情、高度的想像，把經文誦讀並引起聽眾的共鳴。

三、**字正腔圓**：「字正」是指正確讀音，聲音清楚、響亮，讓人聽得明白。「腔圓」是指語調鮮明、生動，感情真實自然。只有字正，經文聽來平淡乏味，沒有任何情感的灌注。只有腔圓，內容未能清楚表達，兩者缺一不可。

四、**語言的速度**：語言的快慢，表達不一樣的情感和內容。一般而言，興奮、快樂、期盼、激動、震怒等的情感，都以較快的速度表達。而嚴肅、發怒、傷心、失望、飲泣等的情感，則以較慢的速度來演繹。一段經文，大都不會只停留在某一個速度。速度的變化須隨感情起伏而變更，而情感的起伏又取決於經文的內容。

五、**停頓與重音**：誦讀經文時，須根據內容而有所停頓。恰當的停頓，能突顯經文的層次、段落、語句和情感的變化。停頓又需加上重音的運用，重音能加重語氣，有助於強調某一些內容或詞彙。

六、**眼神的運用**：讀經員不能只埋首於經文，須與聽眾有眼神的接觸，因為透過這樣的交流，聽眾才感受到經文是向他們宣讀的。

七、**技巧的操練**：具備了以上的條件，還須加上不斷的練習。多聽取別人對自己宣讀技巧的意見，或利用錄音器材去重聽並改善宣讀的技巧，都是有效可行的方法。恆常每天在靈修中朗聲聖經，也是很好的操練。

八、**對神話語的重視**：但最終（last but not least），對神話語的重視和渴慕的心，是讀經員必須具備的條件。

讀經員，你們究竟對宣讀神話語這職事有多重視？

主啊，我們為每一位讀經員禱告。求祢賜他們一個重視神話語的心，以致他們以認真的態度，善用他們在語言上的恩賜來作宣讀的服事。阿們。

（此文部分內容取自漢語聖經協會製作之《誦聲遍揚：聖經朗誦異象及技巧訓練》光碟。）

崇拜語病逐個捉

在一次團契的分組時間，小組中來了一位慕道的朋友。分組完畢，筆者和這位新朋友閒談的時候，他問道：「你們分組時為何時常提到交通的情況呢？」原來他誤會了我們「交通」的意義。基督徒羣體，確實有一些在圈裏專用的詞彙，為教外人所未能明白。但細心想想，有些用詞，特別是在崇拜中的慣用說法，可能是一些習非成是的用語；以下引述一些和大家分享。

語病例一：

崇拜之始唱第一首詩歌時，主席或領詩可能會說：「在崇拜開始前，讓我們同唱詩歌第三十二首。」究竟崇拜何時開始？如果唱詩是崇拜中的其中一個程序或項目，那麼唱詩不就是崇拜的開始嗎？較正確的說法是「崇拜現在開始，請唱詩第三十二首」或「請唱詩歌三十二首開始今天的崇拜」或乾脆說「請唱詩第三十二首。」

語病例二：

主席或主禮通常會說：「現在將時間交給今日的講員。」嚴格來說，我們不能把時間交予別人，時間不是一件物件，我們可以互相傳遞。較正確的說法應該是：「現在我們恭請今日的講員證道」或「我們現在恭請某某牧師傳講神的信息。」

語病例三：

在祈禱的時間，主席邀請會眾低頭禱告仰望神。讀者可有發覺這確實是一個難度極高的動作，低頭禱告是頭向下誠心祈禱，仰望神是臉朝天向上仰望，我們怎樣才可以同一時間令頭部向上和向下呢？祈禱是否一定要低頭？祈禱是否一定要閉上眼？這些問題留待讀者自行作答。簡單一句：「讓我們同心禱告」，可能就把問題解決了。

語病例四：

在詩班獻唱之前，主禮說：「現在請詩班代表會眾向神獻上讚美。」「代表會眾」這個觀念，可能來自舊約聖經，當時會眾需要祭司作代表來獻祭。「代表會眾」也可能意味著因為所唱的詩歌難度較高，不是每位會眾都能勝任，只可由詩班代勞，會眾只成為被動的旁觀者。但無論如何，我們得要小心，不是每一首詩歌都是向神獻呈的。從歌詞的內容來看，有些詩歌沒有向神讚美的內容，內容可能是彼此的激勵、提醒或互勉。有些則可能是向神的悔罪或祈求；我們不能統稱是向神的讚美。以下幾個說法供大家參考：「我們和詩班同心向神獻上讚美」或「希望詩班這首詩歌成為我們彼此的激勵和提醒」或「我們同心和應詩班向神的祈求」或「讓我們和詩班同感一靈，向神獻上我們的禱告。」

語病例五：

讀經完畢，讀經員慣常說：「願神賜福祂的話語。」在聖經中，神的祝福只賜予生物，特別是人類，而不是賜予物件。較合宜的說法，應該是：「願神的話語祝福每一位專心聆聽的人」，或「願神的話語常存留在我們心中」，或「願神的話語成為我們每一位腳前的燈、路上的光」，或「願神的話語成為我們生活的指引」，甚或不需加上任何言詞。

讀者可能覺得筆者在雞蛋中挑骨頭，一些大家都明白的說法，又何需在此大造文章。筆者覺得，崇拜中的一言一語，雖然是十分小的事情，但有時卻能反映出我們的崇拜觀，值得我們思量。

讀者們，你們對筆者所言有多少同感？

求聖靈時常提醒我們，重視每一個崇拜的程序。以一絲不苟、緊慎敬虔的態度來敬拜。阿們。

專文：神尋找帶領敬拜的人

林志輝

(加拿大多倫多天道神學院神學碩士、美國崇拜研究學院博士候選人、多倫多華人基督教會傳道)

作為崇拜中的敬拜隊隊員或詩班班員，我們主要的任務是要帶領會眾去敬拜和親近神，我們要高舉的是神，而不是我們自己。我們要不斷發展及提昇我們在音樂上的恩賜，透過音樂、詩歌以及我們的生命見證來服事會眾。

每位帶領敬拜的人，有著不一樣的性格和獨特性，但他們都必須有一個以神為中心，由聖靈所引導，並有清晰人生目標的生命。以下是一些帶領敬拜的人須具備的條件：

一、性格特質

事奉的態度比事奉的恩賜來得重要。我們週遭有不少很有音樂天份的人，但神所渴望見到的是那些「用心靈和誠實」真正敬拜神的人(約四：23)。以下是一些對帶領敬拜者性格上的要求。

(1) **追隨主的心**：在敬拜隊中事奉與參與一個搖滾樂隊有著天淵之別。敬拜隊聚焦在神，並藉音樂帶領會眾與神相遇。敬拜隊的主要目標不是以音樂來娛樂會眾，因此每位敬拜隊員，必須首先是一位敬拜者。很多時我們會不自覺把音樂技巧及修養放在首要，卻忘記聖經教導我們神看重的是人的內心而不是外貌(撒上十六：7)。錯誤的動機和意念，不單影響著我們的事奉，也會影響整隊敬拜的士氣和屬靈生命。

(2) 謙卑的態度：因音樂是表演藝術，所以作為音樂人，我們常不自覺地很想表現自我。但正如我曾指出，我們敬拜的對象是神，在崇拜中我們不是要取悦人，乃是要取悦神。因此崇拜不是一個表演的場所，供人觀賞。一個人是否適合作帶領敬拜的人，我們可以從他日常出席崇拜、待人接物、與弟兄姊妹相處上可以觀察得到。

(3) 受教的心：團隊的精神其中一樣，就是彼此接納和學習。作為敬拜隊或詩班的一份子，我們必須學懂如何聆聽和接納別人的意見甚至批評。除了能接納別人的意見，我們也應學習如何用愛心説誠實話。惟有我們彼此守望和建立，我們才有進步。

(4) 與人相處之道：一個人在教會熱心事奉，想必他也會有一個積極參與崇拜的生活。作為帶領崇拜的人，須具備牧者的心腸：敏於別人的需要，多體諒他人的困難，彼此建立肢體的關係。

二、音樂修養

除了性格方面，敬拜隊隊員或詩班員的音樂修養也須注意。很多時我們會遇到一些很有心和樂意事奉的肢體，但他們卻沒有任何音樂上的技能。相信他們的恩賜不是在音樂事奉上。以下是一些我對敬拜隊隊員和詩班的一些音樂上的要求。

(1) 創意：一個人經常帶領敬拜，久而久之，可能會變得一成不變，了無新意。敬拜隊中的每一位成員，其實都可以互相影響，彼此貢獻不同，滿有創意的新念頭。

三人行必有我師，大家互相補足，必能令整個團隊獲益。

(2) 適應能力：傳統禮儀派，全然遵照崇拜的程序來進行崇拜。但現代敬拜的模式，則較看重即時聖靈的感動和帶領。作為帶領這類崇拜的人，須具一定的適應能力及自由度，以較彈性的手法來處理不同的處境。

(3) 團隊的合拍：曾聽見有人這樣説：「假如一個五人的敬拜隊，每位隊員只貢獻整隊五分之一的力量。」意思是説，在一個團隊的架構裏，我們不可高舉任何一位隊員，因為每一位隊員的貢獻都同樣重要。在音樂的團隊中，每位團員不可只自顧自的彈奏，他還須細意聆聽，自己所彈奏的音樂是否與其他團員合一。很多時我們會看見一些敬拜隊隊員，在帶領敬拜當中，閉上眼睛，陶醉在自我的世界，完全忽略了與人合拍之重要。此外，敏感於聲量的平衡，準時出席練習，都可視為團隊精神的表現，從中讓人知道你懂得尊重和珍惜別人的貢獻。另一方面，懂得送上適切的鼓勵與支持，以愛心説誠實話來指出別人的錯誤，也是建立團隊不可或缺的技巧。

崇拜的音樂

沒了音樂，你仍能經歷神嗎？

如果有人問：「沒有音樂，在崇拜中你仍能夠經歷神的臨在嗎？」你會怎樣回答呢？

在聖經裏，特別是在舊約，我們很容易找到有關音樂的經文，在一百五十篇的詩篇中，勸勉我們以音樂讚美主的經文比比皆是。例如詩篇第一百五十篇四至五節：「要用角聲讚美祂，鼓瑟彈琴讚美祂，擊鼓跳舞讚美祂，用絲絃的樂器和簫的聲音讚美祂，用大響的鈸和高聲的鈸讚美祂。」這段經文不單鼓勵我們以歌聲讚美主，更提醒我們彈奏不同類別的樂器來讚美主。

筆者從來沒有懷疑音樂在崇拜中之重要性，要不然，也不會運用自己僅有的一點音樂恩賜，一直在音樂的崗位上努力地事奉主和服事弟兄姊妹。筆者相信音樂帶來的感染力和表達力，是非一般文字和語言所能達致和取代的。音樂用來作讚美主是最自然不過和最恰當的表達方式。在崇拜中，看到會眾以詩歌讚美那份投入和喜樂，以及集體歌唱所產生的效果和震撼，都讓我們確信音樂是神賜予人最好的禮物，同時也是人回應神最佳的方式。

在我所認識的信徒中，有不少都是因為音樂的緣故而決志相信主。例如有一位一直剛硬不肯信主的弟兄，在一次音樂佈道會中聽到詩班唱出韓德爾的《彌賽亞》神曲中的樂章〈我知我的救贖主活著〉時，竟然淚流滿臉，立即決志信主。音樂承載著歌詞，以樂載「道」，把弟兄剛硬的心溶化了。又例如在每次葛培理的佈道會中，當會眾聽到《我罪極重》這首詩歌時，都會湧到台前決志信主。這些例子都讓我們看到音樂的力量和果效。

縱使筆者對音樂情有獨鍾，又對它的力量沒有異議，但筆者相信沒有音樂我們仍可敬拜神。音樂無疑是表達敬拜的上好方式，但我們不要弄錯，音樂不等同於崇拜。音樂只是表達我們崇拜的心的其中一種方式。我們不要忘記，主日崇拜裏還有其他的項目：我們可以透過讀誦神的話語來敬拜，可以透過祈禱來敬拜，可以透過聆聽神的話語來敬拜，也可以藉奉獻的行動來敬拜。而這些敬拜的行動，是可以完全不涉及任何音樂的成份的。

耶穌基督在井旁和撒瑪利亞婦人談到敬拜的問題時提醒我們說：「神是個靈，所以拜祂的必須用心靈和誠實拜祂」（約四：24）。主耶穌的答案沒有提及敬拜的形式，祂只告訴我們敬拜的內心狀態——心靈意思是指人感性的一面，而誠實則是指理性的一面。當中亦沒有提到運用音樂的問題。而在舊約阿摩司書，先知也提醒我們心態是遠比形式和手法來得更重要：「我厭惡你們的節期，也不喜歡你們的嚴肅會。要使你們歌唱的聲音遠離我，因為我不聽你們彈琴的響聲。惟願公平如大水滾滾，使公義如江河滔滔」（摩五：21，23-24）。如果我們只有敬虔的外貌，而沒有敬虔的實質，神甚至厭惡我們的歌聲。

音樂在崇拜是重要的，音樂也是十分有果效的。但我們不要忘記音樂只是敬拜用的媒介，而不是我們敬拜的對象。我們要反思的，是有否以音樂取代了神，我們所敬拜的不是神而是我們心愛的音樂。

親愛的弟兄姊妹，在沒有音樂的崇拜裏，你也可經歷神的臨在嗎？

「獻上音樂為榮耀主聖名，敬仰虔誠向祂謙卑順服。」慈愛的天父，感謝祢賜給我們美妙的樂音。求聖靈時常提醒、督責與引導，以致我們不單以優美的歌聲，更以敬虔的態度來敬拜祢。阿們。

音樂能否改變人心？

筆者記得有一次到香港文化中心音樂廳聽音樂，當日演出的是一位世界級的大提琴演奏家，他所演奏的，全都是巴哈（J. S. Bach）的大提琴組曲。但見這位七十高齡的演奏家在台上以超凡的技巧，把巴哈的音樂發揮得淋漓盡致、扣人心弦的音樂，更令台下每一個觀眾聽得如癡如醉。

音樂會後，筆者前往隔鄰的停車場取車，在排隊等候支付泊車費用的時候，遇到了一件排隊打尖的小插曲。排在筆者前面的一對老年夫婦，因為不滿意一班年輕人打尖，所以高聲向他們指摘。那班年輕人也不甘示弱，與這對老人家互相對罵。有趣的是，在香港這個華人社會，這六位人士用的卻是流利的英語。從對罵的內容，也可猜想這六人都曾受良好教育。筆者並且發現，這六人都手裏拿著剛才音樂會的場刊，可見他們也可能是巴哈的知音人。

有人建議多聽巴哈的音樂，因為他的音樂宗教味道濃厚，能改變人心。但單從剛才引述的經驗，巴哈的音樂是否真能令聽眾的思想改變？

筆者引述這個經驗，是想和大家討論，音樂能否改變人心？音樂究竟能否在道德上改變一個人？抑或音樂只能牽動人的情緒？我們常聽到有人說，多聽一些音樂大師的音樂，以洗滌我們的心靈。甚至有人建議懷孕的媽媽，多聽一些經典的音樂，也可有助胎兒健康的成長。音樂是否真能改變人的思想？

筆者認為，純音樂（沒有歌詞）能影響人的情緒，但卻未必能改變人的思想。當我們聽到一段優美的音樂時，我們便會自然地被吸引，情緒按著音樂的起伏而改變。但這種對音樂的反應，並不會改變我們的思想。詩歌中的歌詞，才是傳遞信息、真理的所在，也只有歌詞的內容，有改變人思想的可能（這論點，Harold M. Best 在他的著作 *Music Through the Eyes of Faith* 有很好的討論）。其實早於四世紀時，神學家奧古斯丁對此已有所體會。因此，他曾說：「若然我們對一首詩歌的感動，是來自音樂或演奏者本身而非來自歌詞信息的話，我們是已經犯罪了。」奧古斯丁就是明白音樂的力量，才提醒我們不要只被音樂吸引，而忽略了歌詞要表達的信息。

今日我們為崇拜選擇詩歌的時候，究竟是著眼在音樂抑或歌詞呢？常聽到負責選詩的人説，選擇某詩歌是因為它的旋律優美，又或説它的氣氛（mood）很合適。但我們有否分析歌詞是否合乎神學，是否配合崇拜的流程呢？常聽到會眾説很喜歡某首詩歌，他們是喜歡詩歌優美的曲調，抑或喜歡歌詞所傳遞的信息呢？保羅提醒我們：「你們要讓基督的信息豐豐富富地長住在你們心裏。要用各樣的智慧互相教導、規勸，用詩篇、聖詩、靈歌從心底發出感謝的聲音來頌讚上帝」（西三：16）。音樂是承載信息的媒體，用作教導和規勸，是真理的信息。

有人説崇拜中負責選擇詩歌的人，是教會中的神學家，因為他所選擇的歌詞內容，直接影響會眾是否可得到適當的餵養。我們對這職分又有多重視？對選詩又有多用心？

親愛的阿爸父，求祢使我們不單欣賞美妙的樂音，更能明白歌詞所承載的信息。阿們。

音樂的聯想與記憶

筆者在美國讀書的時候，有一個很要好的美國朋友，名叫史提夫，他和筆者一樣，也是主修音樂的。有一次，史提夫對筆者説：「當我結婚的時候，我一定會選用一首小提琴的獨奏曲作為新娘進堂的音樂，以取代大多數人採用，由華格納作曲的《新娘進行曲》(Bridal March)。這首小提琴作品就是馬斯奈的《沉思曲》。」筆者聽了他這番説話後，不禁失聲而笑。因為當筆者每次聽到這首小提琴作品時，腦海中便會浮現粵語片時代的張活游、白燕和馮寶寶等人。因為每當在片中主角身患重病(通常是咳血的肺病)又沒錢看病，再加上屋漏兼逢夜雨的情景，片中便會用上馬斯奈這樂曲作配樂。

筆者的好友史提夫由於從來沒有看過粵語長片，當然不會明白箇中令筆者發笑的原因。在他心目中，這只是一首旋律非常優美的作品。他只想用這段優美的音樂，來襯托他心愛的新娘子的進場而已。但在我們聽來，這首純音樂的作品，卻因為過去曾被運用的處境，而為樂曲加入上了特別的意義。其實在現實生活中，有很多這樣的例子，當聽到某段的音樂時會令我們想到一些人生的片段、事物或人物。譬如當我們聽到《威廉泰爾序曲》時，我們可能會想到賽馬。聽到海頓的《小號協奏曲》時，可能會想到《上海婆鬧我》，聽到蕭邦的《即興幻想曲》時，又會想到李雲迪。這都説明了一個聯想(association)和記憶(recall)

的道理。

每當我們聽到一首純音樂的作品時，我們心中會立即嘗試去形容這段音樂。例如形容它為寧靜、激昂、悲愴、活潑、刺耳、優美等。同時我們腦海也嘗試尋找一些片段，來與音樂相配襯。從這角度來說，音樂不是在一個完全真空的情況下被接收。

音樂上聯想和記憶的特性，帶給我們在選用崇拜音樂時，有以下幾方面的考慮：

一、**音樂風格**：現代的崇拜音樂，由於在風格和效果上都十分近似流行音樂，所以常被批評為把教會崇拜世俗化。若然會眾未能接受這類音樂，不是因為他們「老套」，而可能是涉及聯想的因素。弟兄姊妹應多些了解和體諒。

二、**舊歌新詞**：有很多人認為，把舊歌填上新詞，可以讓人容易學懂新的歌。當然，由於歌的旋律是舊的，所以免去了學新歌的麻煩。但我們可有考慮，當我們舊歌新唱的時候，我們對舊歌的印象和記憶，卻可以成為我們吸收新歌詞的攔阻。一些揮不去的回憶，會令新的歌詞未能完全發揮應有的新信息。

三、**純音樂**：在崇拜中，特別是序樂和殿樂，很多時我們會用上一些純音樂的作品，但我們必須小心選用。曾有人在崇拜中彈奏巴哈的《D小調風琴觸技曲》，被會眾批評為不合宜，因為這曲令人聯想起吸血殭屍。也曾有人說，在婚禮中如不用上《新娘進行曲》，便不像是一個婚禮；可能因為大家已把這樂曲等同婚禮了。

有歌詞的音樂，讓我們可以以歌詞評估音樂的合宜性，但純音樂，我們也需小心選擇。以免墮入聯想與記憶的陷阱。弟兄姊妹，你們有否留意？

求主使我們有智慧去選擇合宜的音樂，來豐富和配合我們的崇拜內容和流程。阿們。

音樂的對比

科學範疇所追求的是絕對的答案，因此科學家不斷在實驗室裏做實驗，不斷驗證，客觀分析，為的是要證明所得的是終極的答案。藝術範疇卻剛好相反。藝術家在創作的過程加入了不少個人和主觀的成分，藝術不講求絕對，相反地，所著重的是對比的理念，對比是音樂創作和演繹上不可或缺的事物。

音樂是藝術範疇的一門學問。有人更稱音樂為藝術中之藝術，可見音樂之重要性。組成音樂的元素，一般研究音樂的書籍都認同當中包括旋律、和聲、節奏、音色、音量和曲式。

旋律可說是音樂的靈魂，我們能夠認出或記起一首詩歌，全因為旋律的緣故。旋律由一連串高和低的音組成，巧妙和適當的排列高低音之組合，能產生一個優美的旋律。優美的旋律，最能感動人和令人難忘。

同時彈奏或頌唱超過兩個音，便會產生和聲。撥彈結他和弦，詩班分部頌唱，在鋼琴同時彈奏數個音都表現了和聲的效果。和聲有分協調和不協調的效果。單單只有協調，聽來乏味，但若只有不協調，又令人煩躁。協調與不協調若能恰當地交替運用，音響效果才會產生張力，音樂才有向前的動力。就像人生，一生有喜有憂、有起有跌，才覺豐盛。

節奏有長短和重輕之分。節奏的運用，推動了旋律的進行。從來沒有一個旋律上的每一個音的長短是一致的。旋律和節奏息息相關，高低音恰當的組合，加上配合的節奏，才成優美的旋律。音樂的快慢也可歸入節奏的範疇，樂章間有快慢的對比，同一首詩歌以不同速度演繹，可完全改變該首詩歌的效果與意義。

不同的樂器能產生不一樣的音色，音色有明亮有暗淡、有柔和有剛烈。不同的樂器，產生不同的音量；因此，在一個管弦樂團裏，有不同的樂器，以應樂曲不同的要求演奏。我們不會看到整首交響樂曲，由開始至完結都由整個樂團齊奏，不同的樂段與樂章，總是由不同的樂器組合彈奏。每首樂曲都有不同樂段，彼此以音樂素材的重覆和對比互相交替穿插，這是曲式最簡單的解釋。

上述講論有關音樂的元素，當中每一項都離不開對比的觀念。旋律上音的高與低，和聲的協調與不協調，節奏的快與慢、長與短、重與輕，音色的明與暗、柔與剛，音量的強與弱，這些全都和對比有關。音樂能否彈奏動聽及具感染力，全賴在處理音樂元素的對比上拿捏得準，處理恰當。

以音樂的對比觀念來檢視今日一些崇拜中的音樂，我們有理由相信部分負責音樂的兄姊，對對比這個理念還沒有弄清楚。簡單舉幾個常見的例子證明：

一、只以齊唱的方式頌唱詩歌，沒有任何和聲可聽；二、無意識的重覆，音樂在原地踏步，沒有任何的變化或發展；三、無論任何風格的音樂，鼓手都打出如出一轍的節拍；四、選曲千篇一律，完全沒有理會歌曲之間的對比；五、在整個崇拜中，音量常保持在同一水平；六、整隊敬拜隊裏的每一種樂器，由開始彈奏至結束，當中沒有任何組合上的變化；七、沒有掌握每樣樂器的特性，未能發揮每樣樂器的特長；八、沒有慎思音樂的速度，胡亂及錯誤演繹樂曲。

崇拜中負責音樂的兄姊們，你們能分辨科學與藝術嗎？你們有否掌握音樂上對比的竅門？

創造萬物又掌管一切的神，感謝祢賜給人類音樂。求祢賜我們智慧與能力，讓我們善用音樂來宣述祢的大能與奇妙。阿們。

何謂「唱新歌」？

詩人勉勵我們說：「你們要向耶和華唱新歌，全地都要向耶和華歌唱」（詩九十六：1）。從中文的翻譯來看，詩人要我們唱「新」的歌，我們可以理解為新創作的詩歌。因此，有人以此作為支持要唱現代詩歌的理據。新歌確有新作品的意思。神的恩典，在歷史的進程中，不斷感動人譜寫不同風格的音樂來讚美神。筆者認為，不同年代、類別和風格的音樂都可達到榮神益人的果效。但是不是新歌就單指新譜寫的音樂呢？以下的一個經歷，使筆者對「新歌」的意義，有著不一樣的體會。

不久前，筆者在所任教神學院的早會時間，邀請了一位校友和她的家人來與師生分享。這位校友畢業後離開學院兩年多，而她的家庭在這期間發生了很大的變化。她有兩位十多歲的女兒，不幸地，大女兒在一次車禍中，頭部受了重創。主診醫生們根據當時的情況來看，都預計她的生存機會不高，又或即使醒後亦會變成植物人。在這絕望中，她的一家及認識她們的主內肢體，只有切切地為她們的女兒禱告，祈求主大能的手醫治她們的女兒。感謝主，祂是聽禱告的神，就在人看來沒有可能的情況下，女兒從昏迷中漸漸清醒過來。康復是一個漫長的過程。這位小女孩由昏迷到有知覺，從清醒到慢慢重新學習講話。從躺臥在床上完全不能動彈，到漸漸坐起來，到下床緩慢地走動，足足用上了兩年多的時間。

她們來學院的那天，這位小女孩亦一起來了。她的行動仍未十分自如，需要借助輪椅代步及需由爸爸參扶著。當天她上到講台上向大家問安，口齒還未見十分伶俐，需要爸爸解畫。跟著她還分享了一首詩歌，就是《每一天》。當她唱歌時，卻歌聲嘹亮，咬字清楚。她的歌聲，令筆者一生也難忘。原本一首筆者相當熟悉的舊歌，聽來卻是一首「新歌」，因為這首舊歌讓筆者對神的大能、恩典和慈愛有全新的體會。因為這首舊歌，讓筆者對人的信心，就算是一個小孩子的信心，有全新的體會。

從這個經驗，筆者相信新歌不一定是新譜寫的樂曲，而是注入了個人經歷而唱出來的歌。「內心一天新似一天」、「新做的人，舊事已過，都變成新的了」，究竟我們每天是否能對神有新的體會？與祂有新的關係？屬靈生命有新的成長？以致我們所唱的詩歌，雖然是舊歌，卻有著不一樣的意義？

神是一位創造主，我們是「照著神的形象」而造。我們不是創造主，所以不能像神把無變成有，但我們卻有神所賦予的創意。音樂是演奏的藝術，一首譜寫好的作品，還需要人的演唱或演奏，才能讓人聽得到和明白。在演唱和演奏的過程中，人是需要加上個人的主觀感情、個人生命的經歷和體會以及創意，才能演奏或演唱得好。在唱詩當中，我們究竟「唸口簧」地無意識地頌唱，抑或是加上了個人的創意、情感、經歷和體會來演繹？

當信徒由於沒有新創作的詩歌而停止讚美，他的讚美究竟是源自對神的恩典和慈愛的回應，抑或是源自他對某首詩歌的個人偏好？這是值得我們反省的問題。弟兄姊妹，你今天心中有沒有新的屬靈體會，願意化為歌聲來唱述？

慈悲仁愛的聖天父，我們願意每天親近祢，與祢同行。期盼我們每天對祢的權能、慈愛、恩典和看顧，有嶄新的體會和領受。阿們。

舊歌巧妙變新歌！

二〇〇三年十月二十六日，香港聖詩會舉行聖詩頌唱會暨成立典禮。當天晚上，接近二千位基督徒齊集大學會堂，一同高歌及聆聽二十多首大家耳熟能詳的「傳統」聖詩。頌唱會結束後，不少與會的弟兄姊妹都向筆者表示，這次頌唱會令他們對唱傳統聖詩有一全新的體會。他們説已很久沒有如此的投入、振奮、激動地唱這類聖詩。其中一些人更表示他們一面流淚一面唱，並得到很大的激勵。同時也令他們對傳統聖詩刮目相看。

當晚會眾所唱的詩歌，主要由一個二十多人所組成的管弦樂團作伴奏。詩班和獨唱所負責頌唱的詩歌，都是一些聖詩的變奏曲（hymn tune arrangement），其中一項由中樂團所獻奏的樂曲，也同樣是一首聖詩變奏曲。從旋律來看，這些詩歌的旋律都是「古舊」和「傳統」。究竟甚麼原因令這些信徒有這樣的一個「新」體驗呢？筆者嘗試從詩歌處理這角度來作解釋。

今天對大部分人而言，「新歌」就是新撰寫的歌曲，而在他們心目中，新的意思主要是指旋律。但大家可能忽略了，其實一首舊的旋律，經過音樂上的處理，也可以給人一個全新的感覺。上述聖詩會的經驗，就是一個很好的例子。當晚的詩歌都是一些舊歌，但藉著不同的處理，讓人有新鮮的感覺。當中的處理，可以作以下分類：

一、伴奏的處理：相信大部分信徒唱聖詩時，都是以鋼琴或風琴作伴奏，甚少以管弦樂團來作伴奏。樂團裏有不同的樂器，提供多樣的音色變化，大大豐富了詩歌的音樂趣意。

二、**編曲的處理**：把舊的聖詩旋律，編排給不同的組合，例如合唱四部、獨唱、樂器間奏及以上各項的穿插等。此外亦包括和聲、節奏速度及伴奏形態上的變化等。

三、**唱頌方式的處理**：就算沒有以上任何一項變化，我們也可藉唱頌的方式來加以變化。例如因應歌詞的內容，每節詩歌以四部和聲、齊唱、女聲、男聲等處理，達致有意義的變化。

四、**選詩的處理**：詩歌間有相互的關係，連起來能夠形成一個有主題和意義的流程。

單以是次頌唱會的經驗而言，上述的音樂處理，能夠把舊歌「翻新」，為會眾帶來新的體會。今天不少信徒認為傳統聖詩已不合時宜，教會應該棄舊歌迎新歌。但筆者認為，今天很多信徒不喜歡傳統聖詩，主要原因不是因為詩歌本身出現甚麼問題，而是這些詩歌被司琴彈死了——錯音連篇加上錯誤的速度和演繹；被領詩領死了——領詩本人也不太熟悉，帶領時死氣沉沉；被會眾唱死了——完全不留心及了無生命之唸口簧式頌唱；被編崇拜者編死了——所選的詩歌與崇拜內容毫無關係。

弟兄姊妹，你心目中的「新歌」又是怎麼樣的呢？

感謝主賜我們優美和變化無窮的音樂。求主幫助我們有智慧和技巧地去運用祢所賜的這份恩典。阿們。

專文：好的崇拜領詩由教會開始

溫張蓮
(美國西南浸信會神學院教會音樂碩士、香港浸信會神學院教會音樂副教授)

崇拜中，要有一個好的會眾頌唱，除了選擇合適的詩歌和配合之外，領詩者的「個人」因素亦是非常重要的。曾與弟兄姊妹討論他／她們在崇拜中能否投入唱頌敬拜的問題時，他／她們都認為領詩者直接影響到他／她們歌頌時的投入程度。當然，在崇拜中領詩，其目的絕對不是為了取悅會眾的歡心。反之，是要把會眾帶到神的面前，容讓他／她們意念集中地去歌頌讚美神，去討神的喜悅。從弟兄姊妹的反應來看，領詩者的帶領，的確會強化或阻擋了敬拜者的敬拜。那麼，這既是一個「個人」的問題，又與教會何關呢？這與教會有絕對的關係。因為，是教會把這些弟兄姊妹放在這個位置上的。

教會要揀選合用的人材

哥林多前書十二章論到屬靈恩賜的時候，明明告訴我們聖靈是運行己意，把恩賜分給各人的。這樣看來，崇拜中領詩的恩賜並不是每個基督徒都理所當然擁有的。因此，教會應避免以「輪班制」的方法，讓凡有興趣的弟兄姊妹都參與這項事奉。同時，我們要有智慧去分辨恩賜與興趣的分別。對音樂有興趣，甚至有學習音樂多年經驗的，並不等於有恩賜在崇拜中領詩。活躍在詩班或敬拜隊多年的，並不表示他／她理所當然的有能力在崇拜中領詩。教會中有「身分」的，如長執、屬靈領袖、各部部長、神學生亦不等於他們可以有效地帶領會眾歌頌。有人認為，歌聲、拍子、音準的問題都不重要。最重要是一個屬靈的生命、一顆肯去事奉的心。是的，這兩種條件都非常重要。不過，有一個公認的屬靈生命、極樂意去事奉的心，並不是一個有領詩恩賜的指標。教會應該揀選一些既有活潑的屬靈生命、良好的事奉心態，又有音樂恩賜的弟兄姊妹在崇拜中領詩。因為，崇拜所呈獻的，是一種羣體、合一的敬拜，我們絕不能因個人的軟弱而犧牲了大眾「敬拜的心」！

教會要培訓合用的人材

一、**教導崇拜的觀念**：許多領詩者對崇拜的概念是來自教會往日的崇拜模式、前輩的領會方式或大型的敬拜讚美聚會。但，崇拜領詩者真正需要的，是一個以聖經為基礎的正確的崇拜觀念。此外，領詩者亦必須清楚明白個人在這個崗位上的角色及責任。有時，領詩者為了引起會眾的歌唱意念，會以一些世俗的方式去吸引會眾的興趣。這些做法，表面上確能引起會眾一時的投入。但是，潛在的危機是把以神為中心的崇拜變成以人為本的崇拜。崇拜的詩歌並不是給會眾有機會輕鬆、享受的。領詩者故作輕鬆、興奮或領詩時「短講」（好像不教訓會眾一下，他們便不會唱詩似的），都會分散弟兄姊妹對神的貫注力。崇拜中的詩歌是人在敬拜中向神獻上讚美、感恩、悔罪、禱告等崇敬的表意。神亦藉著詩歌向人轉達祂的旨意、律例、安慰和鼓勵。唱詩是一種神人之間的對話。因此，人必須懷著敬畏的心去唱頌。

二、**持續的屬靈餵養**：在教會崇拜中領詩，對個人來説，是一種榮幸。弟兄姊妹很容易便墮入驕傲的陷阱。教會需經常為這些弟兄姊妹禱告、提點他們要常存謙虛的心去事奉。因此，教會可為這羣事奉者安排定期的退修會、祈禱會或坐談會，讓大家有彼此鼓勵，互相提醒的機會。教牧們亦應與他／她們有較密切的聯絡，讓他／她們知道教會是重視這個事奉，令他／她們在靈性上不致怠慢。

三、**持續的領詩訓練**：一個好的領詩者並非一朝一夕便成長的。教會要先供給參與這個事奉的弟兄姊妹領詩的基本訓練。在事奉的過程中，教會亦常要提醒在這個崗位上事奉的弟兄姊妹常存謙卑的心接受各方面的善意批評，在適當時候，亦要樂意接受進一步的訓練。若教會沒有資源供應這些訓練，可推薦他們去接受各神學院或一些有正確崇拜理念的領詩訓練課程。

四、**期望每位領詩者在領詩前都作好最好的準備**：為此，教會需要預早安排好崇拜的主題，讓負責選擇詩歌的預早選擇好崇拜的詩歌。容讓領詩者有充分的時間去熟習並深入了解詩歌的內容。有時，領詩者單靠詩歌的歌名去了解詩歌的內容是不夠的。因為有許多詩歌的歌名只是詩歌歌詞的第一句而已。領詩者要對詩歌有充分的認識後，才能唱出清晰的句法、流暢的樂句。

這些也是幫助會眾投入歌唱讚美的一些條件。

五、**教會要有勇氣暫停不合格的領詩者的事奉**：有恩賜的，卻不肯接受意見，經常預備不足，甚至遲到，自我中心、説話輕挑的或任何有關屬靈生命軟弱的，都應暫停他／她的領詩事奉，直到有改善為止。不過，在採取這種行動前，教會應先以愛心勸勉他／她。希望他／她能夠改善，重新建立他／她靈性及事奉的心態，那就更好了。至於沒有音樂恩賜的，教會首先不應在對他／她沒有充分認識時便邀請他／她領詩。我們要知道，當教會邀請他／她領詩時，他／她會誤會教會已經認同了他／她的恩賜(為了避免弟兄姊妹對自己恩賜的困惑，避免他／她投入一個錯誤的事奉，教會在安排領詩者時，應該三思而行)！只是，教會仍然需要處理並要額外小心地處理這個問題。以造就信徒為原則下，把他／她帶往一個合適他／她的崗位。

詩歌頌唱在崇拜中是不可缺少的。歌唱容讓會眾有機會參與敬拜，而這種的參與，對會眾而言，必須要是有意義的。好的領詩者能夠幫助會眾全情投入在敬拜中，在讚美的歌聲中，進入超越認知上的，把焦點全然放在三位一體的主宰身上的崇拜。教會實在不宜忽略培育崇拜領詩者的重要性！

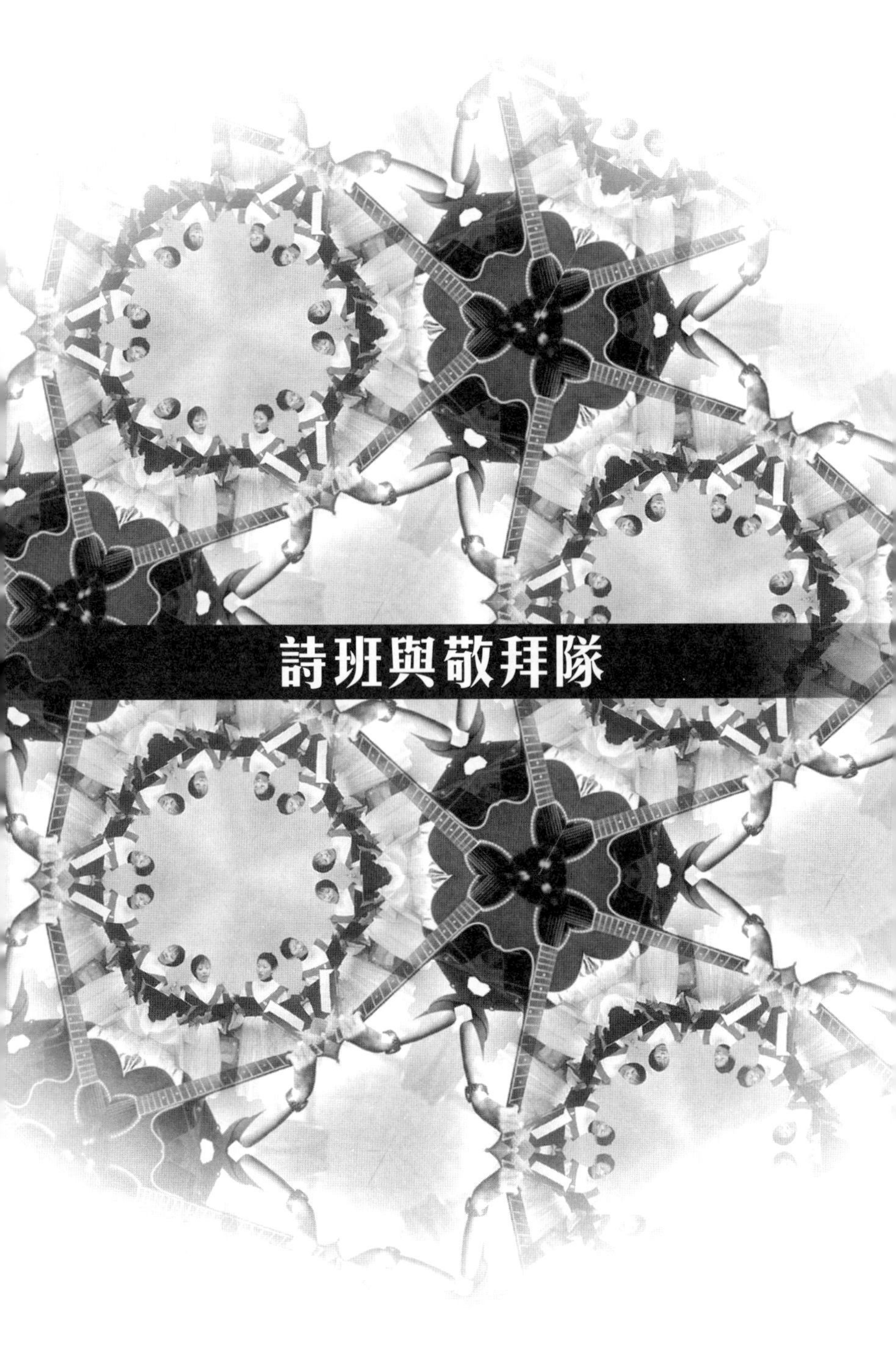

詩班與敬拜隊

詩班的震撼

詩班的設立，可追溯至舊約時代，神藉著大衛設立了專職音樂事奉的利未人：「大衛派人在耶和華殿中管理歌唱的事。他們就在會幕前當歌唱的差，及至所羅門在耶路撒冷建造了耶和華的殿，他們便按著班次供職」(代上六：31-32)。這些人全心全時間地從事音樂的服事。神喜悅人向祂歌唱讚美，在歷代志上、下的記載中，我們看到詩班和樂隊在謳歌稱頌主時，神的榮光就充滿全殿，祂的臨在表明祂的悅納：

「他們出聖所的時候，歌唱的利未人亞薩、希幔、耶杜頓，和他們的眾子眾弟兄都穿細麻布衣服，站在壇的東邊，敲鈸、鼓瑟、彈琴，同著他們有一百二十個祭司吹號。吹號的、歌唱的都一齊發聲，聲合為一，讚美感謝耶和華。吹號、敲鈸，用各種樂器，揚聲讚美耶和華說：『耶和華本為善，祂的慈愛永遠長存！那時，耶和華的殿有雲充滿，甚至祭司不能站立供職，因為耶和華的榮光充滿了神的殿』」(代下五：12-14)。

在啟示錄中，我們又可以看到一幕一幕將來天上敬拜的景象，當中同樣充滿了很多大型詩班，集體以歌聲歌頌讚美神的美麗圖畫。

「此後，我觀看，見有許多的人，沒有人能數過來，是從各國、各族、各民、各方來的，站在寶座和羔羊面前，身穿白衣，手拿棕樹枝，大聲喊著說：『願救恩歸與坐在寶座上我們的神，也歸與羔羊！』眾天使都站在寶座和眾長老並四活物的周圍，在寶座前，面伏於地，敬拜神說：『阿們！頌讚、榮耀、智慧、感謝、尊貴、權柄、大力，都歸與我們的神，直到永永遠遠。阿們！』」(啟七：9-12)。

詩班在崇拜中一直都擔任重要的角色。大詩班更是在大型聚會中不可或缺。回想過去舉凡在香港舉行的聯合聚會，譬如佈道會、培靈會或崇拜，都會招募詩班員，組成大型的詩班獻唱：

筆者曾在一九九七年四月的香港包樂佈道大會中，有一個深刻難忘的經驗。佈道會的第一晚，筆者坐在台上，前方是香港大球場，後方是數百人的聯合詩班，當詩班獻唱時，筆者但見黃昏的落日，在雨後清新的空氣中，在大球場兩邊半圓形天幕之間映照；詩班的歌聲，猶如天使的歌聲，在如裂開了的天空中傳來，其震盪人心的樂音，以及歌詞所帶來的力量，令筆者畢生難忘。

還有一次是發生在今年八月在香港舉行的第十四屆世界浸信會青年大會。筆者有幸被邀作大會聯合詩班之指揮。上百人的詩班，由來自世界不同國家的青年所組成，在最後的晚上崇拜和閉幕禮崇拜中獻唱，歌聲感人，震動每個參加者的心弦，同樣是一件令人難忘的經歷。其實不單在一些大型的聯合聚會或崇拜中，就算在平時的主日崇拜裏，筆者也常感受到詩班所帶來的果效。

香港聖樂服務社，一直為教會提供詩班用的樂譜。但過去數年間，銷售量不斷下降，這或可反映出詩班有被忽略的趨勢。筆者所知，有一些教會已經沒了詩班，有些教牧和信徒覺得詩班的事奉投入的資源多但功效卻微小。

詩班在崇拜中是否已是不合時宜的事奉？教會是否重視詩班在崇拜中之角色？教會是否了解詩班在崇拜中之作用？

「我們要讚美耶和華，從天上讚美耶和華，在高處讚美祂！祂的眾使者都要讚美祂；祂的諸軍都要讚美祂！日頭月亮，我們要讚美祂！放光的星宿，我們都要讚美祂！天上的天，和天上的水，你們都要讚美祂！」耶和華神，祈求祢悅納我們的讚美。阿們。

詩班事奉的宗旨

筆者所事奉的教會聖樂部曾出版一份詩班班員手冊，目的是提醒每一位詩班員在事奉崗位上的位份和角色。當中的內容，或許能夠幫助讀者對詩班事奉有較多的了解。首先讓我們先看看詩班事奉的宗旨：

一、**獻呈歌聲榮耀真神**：「來啊，我們要向耶和華歌唱，向拯救我們的磐石歡呼！我們要來感謝祂，用詩歌向祂歡呼」(詩九十五：1-2)。詩班員是在音樂上有恩賜的弟兄姊妹，他們的歌聲能協助、鼓勵和帶領會眾在崇拜中歌頌讚美神。

二、**分享詩歌造就靈命**：「當用各樣的智慧，把基督的道理豐豐富富地存在心裏，用詩章、頌詞、靈歌，彼此教導，互相勸戒，心被恩感，歌頌神。」(西三：16) 歌詞承載著聖經真理和信仰，詩班的歌頌能夠承載真道，音樂加添傳遞的力量，可以有教導和牧養會眾靈命的果效。

三、**領導會眾崇敬讚美**：「我們應當靠著耶穌，常常以頌讚為祭獻給神，這就是那承認主名之人嘴唇的果子」(來十三：15)。詩班藉著合唱的詩歌，向神獻上付上代價，經努力練習的嘴唇之祭。這種甘心樂意，願意呈獻自己的時間與恩賜的祭，是神所悅納的。詩班就像昔日祭司的角色，為會眾樹立獻祭的榜樣，帶領會眾同心讚美主。

四、見證主恩傳揚福音：「要向耶和華歌唱，稱頌祂的名！天天傳揚祂的救恩！在列邦中述説祂的榮耀！在萬民中述説祂的奇事！」(詩九十六：2-3)。歌詞帶有福音和真理信息，詩班可藉著詩歌為主作見證，幫助人認識上帝的救恩。

上述的宗旨，讓我們明白詩班在崇拜中的角色。詩班的歌頌不單有向神讚美的向度，同時也有向人教導、勸戒的作用。很多時我們在崇拜中會聽到主席介紹詩班唱詩時會説：「現在就請詩班代表會眾向神歌頌。」當然詩班可向神獻上讚美的歌聲，但詩班的歌唱，也可以有一個橫向的向度：就是向人來歌唱。詩班的獻唱不是在滿足一班喜歡合唱活動的信徒表演的慾望，在座上的會眾也不是一羣被娛樂的觀眾，詩班的獻唱，是可藉所獻的詩歌歌詞，透過音樂這個媒體，將豐豐富富的真理傳遞給會眾。歌詞的內容可以有讚美、教導、提醒、勸勉、安慰、鼓勵、祈求等效用，會眾應從心裏發出和應，同感一靈地向神獻上讚頌，或默然領受神的教導。

詩班所獻唱的詩歌歌詞，必須印在程序表上或投影在銀幕上，讓會眾清楚明白歌詞的內容。因為詩班的獻唱不是音樂表演，卻是信息的傳遞；歌詞是主，音樂是輔助。早期教父、神學家奧古斯丁曾經説過：「若然我聆聽一首詩歌時，我的感動來自優美的音樂部分多於來自歌詞，我是已經在犯罪了。」奧氏深明音樂的感染能力，因此作出這個嚴肅的提醒。若然我們對崇拜中詩班所獻的詩歌(其實應該是對崇拜中任何的音樂環節)，只作音樂上的欣賞，而忽略了詩歌歌詞所帶來的重要信息，我們實在未全然了解詩班在崇拜中的角色。

我們對詩班的獻唱只視作崇拜中的一個襯托的項目、一個音樂的娛樂環節，抑或是神話語的餵養？

「讓基督的信息豐豐富富地長住在我們心裏。要用各樣的智慧互相教導、規勸，用詩篇、聖詩、靈歌從心底發出感謝的聲音來頌讚上帝。」阿們。

詩班的事奉態度

上文與讀者分享了詩班事奉的宗旨，本文繼續和讀者討論詩班員事奉的態度和要求。以下列舉了一些對詩班員的事奉要求：

一、**得蒙選召**：「惟有你們是被揀選的族類，是有君尊的祭司，是聖潔的國度，是屬神的子民，要叫你們宣揚那召你們出黑暗入奇妙光明者的美德」(彼前二：9)。詩班員是蒙恩和蒙召的信徒，作詩班員不單因為個人的喜好，更需有來自神的感動和對事奉的負擔。

二、**音樂恩賜**：「大衛和眾首領分派亞薩、希幔，並耶杜頓的子孫彈琴、鼓瑟、敲鈸、唱歌」(代上二十五：1)。詩班的事奉是需要有音樂恩賜的信徒參與，音準和節奏感是詩班員應具備的事奉條件。

三、**聖潔生命**：「人若自潔，脫離卑賤的事，就必作貴重的器皿，成為聖潔，合乎主用，預備行各樣的善事」(提後二：21)。舊約的祭司在事奉前必須先行自潔。詩班就好像舊約以音樂事奉主的利未人，也必須遠離罪惡，作潔淨的器皿被主使用。

四、**殷勤專心**：「這些事你要殷勤去作，並要在此專心，使眾人看出你的長進來」(提前四：15)。詩班員需追求事奉態度與音樂水平的成長，以求達到更美的事奉呈獻給神。恆常的出席，是詩班員殷勤、認真和願意獻呈的事奉心態最好的明證。

五、心靈誠實：「神是個靈，所以拜祂的必須用心靈和誠實拜祂」(約四：24)。在主日崇拜裏，每位詩班員本身就是一個敬拜者。只有真誠的敬拜者才能經歷神，只有真誠的敬拜者才能有效地領導別人崇拜。

六、盡心竭力：「愛耶和華你們的神，盡心、盡性！事奉祂」(申十一：13)。在詩班事奉的崗位上，盡心竭力，忠心地把最好的獻給神。

七、謙卑不驕：「我們有這寶貝放在瓦器裏，要顯明這莫大的能力是出於神，不是出於我們」(林後四：7)。詩班員有歌唱的恩賜，自己並沒有甚麼可自誇的，因為知道一切全是神的恩典。因此詩班員應以謙卑不自驕的態度事奉神。

八、同心合意：「凡事謙卑、溫柔、忍耐，用愛心互相寬容，用和平彼此聯絡，竭力保守聖靈所賜合而為一的心」(弗四：2-3)。詩班不是標榜個人歌喉的地方，相反，詩班員需有團隊合作的精神。每位詩班員在音樂上的水平各有不同，若能彼此寬容接納，謙卑、同心合意地事奉，詩班必能發揮最好的果效。

詩班的事奉和一般合唱團的目的和要求不同，合唱團對團員的要求，一般是要他們對合唱活動有興趣，音樂上的要求是要團員唱歌音準及有讀譜的能力。當然詩班對班員的要求也是他們要對音樂的事奉有負擔，並且也加上音樂上的要求。但更重要的，是班員必須要有事奉心志和事奉態度的要求。筆者常覺得，詩班事奉是最能考驗信徒事奉心志、委身、忠心等能耐。你看不是嗎！每週恆常無間的練歌，加上在崇拜中經常的獻唱，確實是事奉耐力的考驗。

我們對詩班的事奉有多重視？我們對詩班員的事奉有多欣賞和支持？

父神啊，求祢幫助我們重視從祢而來對我們的召命，善用我們的音樂恩賜，以殷勤專一、盡心竭力的心志，謙卑不驕、同心合意的態度，聖潔自守的生命來呈獻我們在音樂上的事奉。阿們。

詩班的團隊精神

筆者任教的神學院，課程要求所有同學參加學院的詩班。過去的幾年，筆者是神學院詩班的指揮。每年詩班的第一課，筆者都會對詩班員強調，詩班是一個學習和體驗的機會：

一、**事奉配搭的體驗與學習**：在詩班練習的過程，詩班員開始明白要將一首全新的樂曲，達致純熟和演繹恰當的水平，是需要時間的。希望詩班員在學院學習時，親身經驗這個過程，到他們將來在教會牧會時，對在音樂事奉的弟兄姊妹多些體諒，若需要配合講道的內容，便需給予合理的時間讓他們選曲和練習，不要對他們提出即興和無理的要求。此外，一首能夠達致獻唱水平的樂曲，實要花上指揮、司琴和每位詩班員不少的心力，希望他們能給予音樂事奉人員應有的尊重和欣賞。

二、**建立團隊的體驗與學習**：詩班不是標榜個人歌喉的場所。相反地，詩班講求聲部的協調與平衡。為要達到這個果效，詩班員不可只懂放聲高唱，還需要有聆聽的耳朵，一方面專心聽取指揮的指引，另一方面，在頌唱的同時，要鑑聽自己的聲音，是否和其他班員和司琴合拍與和諧。在這個過程，個別詩班員雖有甜美的獨唱歌喉，需學習放下自我，與其他人融合。詩班當中，有些班員經驗較多，讀譜的能力亦高，新的曲目很快便上手。但也有些班員從未參加過詩班，也沒有讀譜的技能。在這情況下，正好發揮大家守望相助，互重互諒的精神：能力高者，體諒和扶助能力較弱的，能力較弱的，又能不恥下問，不斷學習和進步。其實我們無論是教牧同工，或平信徒，在教會的事奉也極需團隊的配合，上下同心，同感一靈，才能有最好的果效。各自為政，互不了解，又或有人以強者自居，都是事奉的致命傷。

三、**重視過程多於結果的體驗與學習**：詩班要花上數小時的練習才能練好一首只有數分鐘的樂曲來在崇拜中作獻詩之用。如果我們從效益的角度來看，詩班的事奉，可以說得上是高成本低效益。但如果我們從過程這個角度來看，詩班的事奉又是一個很好的鍛鍊。在鍛鍊的過程中，詩班員學習如何不計較付上代價，包括時間和心力，務求把最好的獻給神。詩班員須每週無間地參加練詩，這可訓練我們對事奉有正確的態度：事奉是畢生而不是按件式(by project)的。此外，詩班員在練習的過程中，學習不單只著眼音樂技巧，更能從歌詞所帶出的信息，獲得屬靈生命上的餵養，練詩的過程，也就成為屬靈生命成長的訓練。屬靈生命的培育與成長，是需要付代價和時間的，沒有一蹴而成的可能。詩班的指揮不單是音樂的領導者，也是屬靈的領導者。一個詩班屬靈的光景，指揮責無旁貸。這或許讓教牧同工多些明白對指揮的要求，又或當指揮對詩班在屬靈方面未能負起領導的責任時，教牧需明白介入施援，給予詩班餵養的重要性。

從在崇拜中獻唱的角色來看，詩班是功能性的(functional)，但從牧養的角度來看，我們是否忽略了詩班也是極需要被牧養的一羣？

全能的神，生命的主，求祢幫助我們在詩班的崗位上學習甚麼是付代價、將最好呈獻的事奉態度。阿們。

勁band啱feel夠吸引？

筆者曾出席一個聚會，在聚會中有一段唱現代聖詩的時段。這時段由幾位青少年人負責。這班青少年組成了一隊樂隊，成員包括有結他手、領唱、電琴和鼓手。他們在聚會中唱了兩首現代的英文聖樂作品。當這班少年人唱完後，一位中年的司儀隨後上台說：「各位在座的弟兄姊妹，剛才這班少年人所唱的詩歌和頌唱的形式，這種夠勁啱feel的音樂，正正就是當今年青人所渴求的形式。我膽敢向你保證，只要教會的青少年崇拜改用這種形式，聚會的人數肯定在短期內大大的增加。」筆者當時心中提出了幾個問題：教會增長是我們今日崇拜的主要目的嗎？教會增長是否完全依賴崇拜的形式？夠勁啱feel的詩歌是否唯一可以留住年青人的工具和途徑？

為了印證這位司儀的論調，筆者特別於某週日，前往九龍一間教會參加主日崇拜。這間教會特別的地方，是她的崇拜以青少年為主。筆者當日參加的那次主日崇拜，一眼看去全都是中學生，筆者可算是座中罕有的「老餅」。當天崇拜開始前十分鐘，已見會眾急步從地鐵站及四面各方趕赴教會。進入會堂後，但見會眾沒有高談闊論，只有彼此輕聲地交談。在崇拜開始前約兩分鐘時，會眾在沒有任何提醒的情況下，便自然地安靜下來，雖未至鴉雀無聲，但那種自動自覺和安靜的場面，以一大羣青少年的聚會來說，實屬罕見。崇拜準時開始，開始時先由主席報告，提醒會眾於崇拜開始後，大門便會自動鎖上，大家不要強行推門進入，同時亦避免在崇拜中離席，如必須離席，離開會堂後將不會獲准再次進場。從這個報告，可見此教會對崇拜的重視和嚴謹的要求。

崇拜以唱詩歌開始，約十人的敬拜隊帶領，當中用上了電子琴、鼓、和長笛。出來的音響效果十分適當，聲量適中，爵士鼓亦沒有出現聲量過大的情況。會眾都安靜的坐著，唱歌雖然投入，但卻沒有十分激情的表現，更沒有一些人形容青少年崇拜必須有的那種「音樂很勁，無拘無束，充滿動感，像參加演唱會」的現象。所選唱的現代詩歌處理恰當，完全沒有那種無意識、無目的的重覆頌唱的情形。取而代之的，是在每唱一次或一節詩歌後，都跟著由主席朗讀一段切合的經文。明顯地，整個崇拜流程經過編排，每項程序很有安排，詩歌與經文交替運用。此外，崇拜又安排有相當的安靜思想的空間，當中以純音樂作背景。至於當日的講道，講者語調平穩，講章內容平實，當中雖然也用上了一些幽默的笑話，但都能配合講道的內容，完全沒有任何譁眾取寵、為講笑而講笑的成分。老實說，就連筆者也略覺有點沉悶的講道，身旁的青少年卻是聚精會神，聽得津津有味。

讀者們，你們相信這是一個真實的青少年崇拜嗎？你相信這是一個成功的青少年崇拜嗎？這次實地的考察，讓筆者有很好的體驗。看到青少年崇拜的另一個景象。「年青人的崇拜是要好嘈好嘈，勁band熱舞，夠勁啱feel」這個論調，究竟是所有教會的現況？是個別教會的例子？是一個對青少年人人崇拜的誤解？抑或是成年人一個主觀的投射？

親愛的天父，求祢幫助，使我們不輕易去論斷別人；有胸襟去接納和欣賞別人；有智慧去分辨錯與對。阿們。

別讓敬拜隊成為敬拜焦點

昨天收到了一位晚間教會音樂課程學生的電郵，當中談及他最近在事奉上的一些掙扎。他告訴筆者，上週主日崇拜結束後，有一位新會友對他表示十分欣賞他的音樂才華和彈鋼琴的風範，只要是由他作司琴，這位新會友都倍覺投入及有所得著。這學生說聽到這位會友的意見後，內心感到十分不平安，因為他覺得自己奪取了神的榮耀。本來他只想運用神所賜的音樂恩賜努力事奉主、榮耀神，藉詩歌讓人親近神。但似乎會眾看到的只是自己的才華和能力。

筆者聽後，十分明白這位同學的心情。確實地，我們每一位站在台上的音樂人，不論是領詩、司琴、指揮、獨唱者、詩班員、樂器獻奏者，都有可能成為崇拜中的焦點，會眾所欣羨的對象。

筆者自幼學習鋼琴，十分了解音樂演奏是怎麼一回事。演奏者的訓練，就是將自己最好的一面在台上表現出來。演奏者在練習室每天超過八小時或更多的時間練習，沉悶地重覆又重覆彈奏著同一首的樂章，為的是要追求完美，把樂章練至最佳的狀態，最感人的演繹。在台上演出時，演奏者更要保持水準，如果偶然失場，哪管是千百個小時的苦練，都會變得沒有意義。

作為在崇拜中的音樂人，每一個都是演奏者，都會把最好的展現在人前。但崇拜中的音樂人不單是演奏者，他更是一個事奉者。演奏者的唯一目的是希望自己的演奏能取悅觀眾，但事奉者的責任是透過自己彈奏的音樂，讓人更親近神。事奉者仍需要盡力將最好的彈奏出來，因為知道呈獻的對象是神。但事奉者更要懂得收藏自己，並將榮耀歸予神。作為一個事奉者，最重要是知道自己音樂的恩賜乃是來自神，自己只是神所任用的一件小器皿，正如以下兩段聖經對我們的提醒：「我栽種了，亞波羅澆灌了，惟有神叫他生長。可見栽種的，算不得甚麼，澆灌的，也算不得甚麼；只在那叫他生長的神」(林前三：6-7)。「我們有這寶貝放在瓦器裏，要顯明這莫大的能力是出於神，不是出於我們」(林後四：7)。

作為音樂事奉者，我們無可避免地成為台上的焦點(其實負責講壇的教牧又何嘗不是崇拜的焦點)，無可避免會受到別人的稱讚或批評。讚美的説話，誰人也喜歡聽到，這些話很多時會成為我們事奉的一種動力。對於這些稱讚，我們應該欣然接受，因為這是別人對自己事奉的一種肯定。但我們還需要謹記，我們不要單單陶醉於人的讚許，「愛人的榮耀過於愛神的榮耀」(約四：43)。更重要的是我們所做的一切可以得蒙神的悦納。當遇到別人的稱讚時，你可以嘗試這樣回答：「多謝你們的讚賞和鼓勵。更感謝主，讓我有機會藉著音樂來事奉祂。希望你們看到的不是我的能力，而是神在我這小子身上奇妙的作為。更希望透過我所彈奏的音樂，讓你看到神的恩典與慈愛。」

各位以音樂事奉的弟兄姊妹，你們是否將最好的獻與主？你們有否將榮耀歸與神？

「祂在萬有之先，萬有也靠祂而立。祂也是教會全體之首。祂是元始，是從死裏首先復生的，使祂可以在凡事上居首位。」主啊，願祢永遠是台上唯一的主角；永遠是台上唯一被尊崇的對象。阿們。

專文：崇拜與詩班

劉永生

(香港浩聲讚祂詠團音樂總監、教會樂團音樂總監、香港浸信會神學院王劉燕容基督教崇拜與藝術教育中心執行幹事)

陳康博士以崇拜為經、詩班為緯的幾篇短文，中心主線清晰，關注點廣闊、深遠而中的。以下嘗試就其中重點，稍作回應。

聖經基礎

首先，陳博士從舊約歷代志追溯，神藉大衛設立詩班，成為聖殿敬拜事奉人員中常設的編制；然後由新約啟示錄所預示天上敬拜的景象，來陳明詩班在上主子民羣體中存在的聖經基礎。雖然啟示錄所描寫的「詩班」，可能與出埃及記所記，以色列人過紅海後羣起頌唱的「非正式」形態更相似；換言之，是上帝子民整體集合一起歌唱讚美(如啟示錄十九章五節：「神的眾僕人哪，凡敬畏祂的，無論大小，都要讚美我們的神。」)而形成龐大、完整，全羣都參與的詩班，更合聖經所描述(特別是永恆)的做法(這也許是有些敬拜傳統不贊成於教會設立詩班或專職唱頌團隊的理由)。但正如以賽亞先知在聖殿中與上帝相遇，又顯然表現出人在敬拜上主時，「被動」地聆聽特定團隊——詩班(在以賽亞的經驗中是天使的隊伍)唱頌，(在大衛定制後以色列民敬拜會中的是利未人中唱歌奏樂的隊伍)，從而向上主俯伏、禮拜，亦是合上主旨意的做法。故此，教會設立詩班，不單在崇拜或各種聚會(如佈道會、培靈會，或信徒各種會議)中帶領整體會眾謳歌讚美，更負責獻唱，發揮讚美、感恩、呼籲、宣揚、代求、教導、傳道、安慰、培靈、呼召……等功能，對我而言，是適切的，也是需要的。歡呼、歌唱，是穿越古今，領人進入未來、永恆的職事。

詩班事奉宗旨

陳博士引其所事奉的教會所印發的詩班員手冊，指出詩班事奉的宗旨是：一、唱詩歌讚美榮耀神；二、藉聖樂靈命得造就；三、領導全會眾歌頌神；和四、傳揚救人的福音；從而指出詩班在崇拜中的歌頌有向上讚美的縱向度，也有向人歌唱的橫向度。我相信這正符合保羅所言「當用各樣的智慧，把基督的道理，豐豐富富的存在心裏；用詩章、頌詞、靈歌，彼此對唱，心被恩感，歌頌神」的原則！還有陳博士強調詩班獻唱不是音樂表演，而是信息傳遞，歌詞為主，音樂是輔助。我極同意，所謂「樂以載道」。不過，我會覺得詩班固然不是在音樂表演，但卻要以音樂表現歌詞，即是把道／信息的這種載具——音樂完整化！這樣，歌曲在奏唱時需要有足夠的表現力，這起碼包括音準的旋律、正確的節奏、合宜的速度、適當的音色、平衡的和聲、充沛的聲量，加上真切的情感，詩班員之間的合一精神，崇拜環境、流程整體的配合等各方面。

我相信不少音樂愛好者都可能有此經驗，就是當音樂演奏者在技術層面(即音樂本身的表現力方面)的操練愈完善，則愈能將聽眾帶進音樂本身的內容之中，甚至令人忘卻演奏者這中介角色的存在(當然，有些音樂理論指出演奏者，甚至聽眾在音樂呈現／重現中，都參與音樂作品的創造；這點很可以討論，但在此從略）。所以，我覺得若詩班的表現力不足，很容易會「淪為」表演者。（這方面的討論其實可再引伸到詩班歌唱的藝術水平、所唱歌曲聖詩的藝術價值、學術價值等真、善、美藝術哲學層面，也可延展討論詩班個別成員的音樂修養、聖經和神學方面的裝備、態度之模塑等方面，更可涉及信息與媒體／載具之間的研究；但這都不是本文會論及的。但我相信這些課題，在探討詩班在教會的大範圍議題時，會有被提及的需要。）

詩班員事奉態度和要求

陳博士繼續列舉了一些詩班員的事奉要求，就是一、得蒙選召；二、音樂恩賜；三、聖潔生命；四、殷勤專心；五、心靈誠實；六、盡心竭力；七、謙卑不驕；和八、同心合意。對我來說，除了第二點，這些是對所有參與事奉的人的要求（事實上也可說是對所有信徒的要求，因為我們又有誰不用事奉上主呢？）。因此，在討論詩班這個課題時，我相信要處理的是究竟詩班有何獨特性，令她是教會中不可或缺（或最少是有存在需要）的團隊。詩班事奉範圍是否有不可取代的地方？是否除了詩班，教會中沒有其他形式可以滿足這某方面的需要呢？我這樣說並非表示我有絕對的答案，相反，我覺得這正是我們這些自稱以音樂事奉神的人要反省的方面。不錯，聖經明示讚美歌唱上主是永恆的作業，但今天我們這種基本上採自西方音樂發展與基督教會在歷史、文化……等方面互動而產生的一種稱為「合唱」的音樂表達手法，與大衛設立聖殿中的歌唱者，和與過紅海後以色列全會眾所組成的「詩班」，及啟示錄預示天上的「詩班」有何異同？詩班這種團隊是否必然可以放諸四海、跨文化、越時空地成為教會必須成立的事奉形態呢？

在這方面，我最少有以下幾種聯想。第一，我想起上主透過摩西頒佈的律例，要求屬神的子民獻祭，各人要按能力獻上牛、羊、鴿子或斑鳩；換言之，今天教會究竟是要組織專業水平的(「西式」)合唱團隊，或是小組讚美隊，或改用以所屬文化的歌唱形式來(在崇拜聚會中)事奉上主，這應是按能力，即如新約聖經所明言，按恩賜來決定的。教會應該設立詩班，或以其他方式事奉神，我個人相信不是絕對的！

第二，使徒行傳記錄聖靈降臨後，使徒公開見證基督、傳講福音，受眾各自聽見自己的鄉音來自使徒口中，無不稱奇；這情景令我想像啟示錄所預言新天新地中上帝所贖眾民齊集，會否大家一起讚美時，各人其實所聽(或所唱)的，是各自最喜愛的曲種(各自的「鄉談」)，有人唱巴哈，有人唱雲南民歌，有人唱非洲歌樂，有人彈奏重金屬……，但聲合為一，成為上主悅納的音樂。(當然這純是我個人的胡猜，並無任何根據！)

第三，聖經記載好幾次天使的歌聲、讚美，無論是以賽亞先知聖殿奇遇、詩篇描寫上主創天造地時諸天的歌頌，抑或是伯利恆野地的壯麗讚歌，都是令世界和在場的世人震撼、驚訝、讚歎的，有所謂「此曲只應天上有」的感動；因此，我相信教會用的音樂之中，很需要也包括具備這種令唱奏者和聆聽者均覺得「偉大」、「壯麗」、「詫異」的元素，在易上口、易明白、平易近人的樂曲之外，再加進更豐富充實一些的素材。

詩班是學習和體驗的機會

陳博士亦提到，詩班的事奉是肢體配搭、建立團隊，和重視過程多於結果的體驗與學習。我覺得這可能是最重要的。因為在實況中，參與詩班事奉的人極少曾受音樂專業訓練（這也令我慨歎太多受了專業音樂訓練的信徒竟不參與教會音樂事奉，或亦有些處境是教會竟沒有足夠空間，容讓曾受音樂專業訓練的信徒向神呈獻專業水平的音樂奏唱，以致兩方面互相消耗或浪費！）。而教會也大概不常會期望會友會因為參與詩班而最終決定接受正式全面的音樂專業訓練，成為音樂人（我指musician！）。因此，我會嘗試用另外一套語彙來形容陳博士所指的學習與體驗，就是「詩班歷奇活動」。

我相信不少人都有參加「歷奇活動」的經驗，這種活動強調團體合作精神，因為通常其中任務不可能以人一己之力完成；活動是非常態的，即日常生活中極少會遇到要解決相同難題的機會，但完成後則能啟發人面對常態生活困難時的智慧和勇氣；參加歷奇要跳出安逸的自我環境，拋下平日對人事物的成見，要發現想像之外的可能性，而且通常參加歷奇活動的人在開始時都是非自願，甚至是被逼的！這一切對我而言，是與參與詩班學習的經歷相似的。詩班練唱的樂曲通常不是我們個人可唱出的（因為是分聲部的），是非常態的（因為人自己很少會唱「合唱」這難度的歌曲），參加者要放棄己見、強調合作、嚴守紀律（因為音樂、合唱要求有效果，就要這樣！)，詩班的經驗，是超越時空的(因為古今中外都有優質合唱聖詩可應用於崇拜聚會中)；而且，正如歷奇活動中，團隊合作可完成一些超越參加者本身體能極限的任務，詩班以「合成」(synergy)的力量，也能唱奏出「超水準」(指超越詩班員個別能力)的樂曲。換言之，如果視詩班為一事奉歷奇活動，要求全教會「無論大小」(這可是聖經要求！)在一生中都要(最少輪值)參加詩班一段時日(當然，我同時堅信，有部分信徒，因為所領受的恩賜而會一生在詩班事奉！)，則我相信，我們是可以「先驗」未來新天新地中得贖眾民全體歌頌、讚美上主的美妙經歷！

崇拜的環境

影響新來賓的十分鐘

現時在市面上出售的商品，特別是一些高科技的產品，用家都要求它們是user-friendly。對於user-friendly，我們可解作「用家為本」，意思是產品縱然製作複雜，功能繁多，但在操作上必須簡單容易，讓使用的人不需花太多時間去理解如何運用，務求一上手便得心應手。

今日我們不時也會聽到「教會崇拜要user-friendly」這類的論調。意思是說崇拜必須滿足來崇拜的人之需要，特別是對一些未信主的慕道者，教會需體會他們的口味，投其所好。例如唱一些他們喜歡的歌，講一些他們喜歡的內容，務求使他們對崇拜產生好感。但，這就是真正的user-friendly？筆者想和大家先分享兩個崇拜的經驗。

兩年前在美國進修期間，我和太太到過一間非裔美國人的教會聚會。由於我們弄錯了聚會的時間，所以我們比原定崇拜的時間，早了三十分鐘到達教會。當日在禮堂的入口處，有一位弟兄笑面迎人地向我們打招呼（其實可能在他心中正奇怪為何有兩位東方人來崇拜）。得知我們早到的原因後，他便非常友善和熱誠的向我們介紹教會的一些情況，最後還帶我們參觀整座教會的建築物。

回到香港，我們又於近期首次到一間教會崇拜。這間教會聚會人數約一百五十人。由於人數不太多，相信會友們都互相認識，所以當我們進入會堂坐下後，會眾都對我們這兩位陌生人投以好奇的眼光。在等待崇拜開始的十分鐘裏，沒有任何會眾來和我們問好，而在崇拜中，雖然有歡迎新朋友的環節，但會眾也只是敷衍地握手，散會後又沒有任何對新人的跟進。

美國著名牧者華理克(Rev. Rick Warren)曾指出，一個新到教會崇拜的人，其在教會的首十分鐘對教會的印象，足可作為他會否重臨此教會的因素。甚麼是user-friendly？筆者不覺得是「遷就」新人的做法，而是一個好客之道，讓新來賓清楚感到被接納。在教會已一段時間的信徒，會漸漸忘記新來賓的需要，也不懂得敏感於新來賓的感受。以下所提議的，希望是一些可行之法：

一、在禮堂進口處，有笑面迎人的歡迎大使，讓來賓感受到被歡迎、重視和接納。

二、在當眼處有清楚的洗手間指示標記，避免來賓需要開口詢問的困窘。

三、崇拜時空調的溫度適中。

四、來賓坐下後，有會友能坐在其身旁，伸出歡迎問安之手，並簡略介紹崇拜程序。

五、崇拜中，有需要時，會友為新來賓翻揭詩集和聖經。

六、在崇拜歡迎的環節，避免要求新來賓起立自我介紹以減低困窘。

七、崇拜後會友誠意邀請新來賓重臨。

八、來賓若留下了聯絡資料，教會須於一週內有傳道同工跟進。

當然，我們須明白對新來賓的處理不能一成不變，以上的提議亦不一定適用於每間堂會。好客之道不只在乎手法，更在乎好客之心。教會是否願意開放，吸納更多的新人？會眾是否願意更多未得救的朋友聽聞福音？是否願意更多人在崇拜中經歷神的實在？

求主幫助我們不作違世獨行的敬拜者，而是作一個能夠用愛心去幫助、感染別人，又與人同心敬拜的敬拜者。阿們。

不能忽視的音響控制

由於現代敬拜隊的編隊形式是採用電子科技，包括電結他、電子琴、擴音器、麥克風、電子合成器、混音器等，在音量的平衡和協調方面的控制，往往比只用鋼琴、詩班的形式較複雜，難度較高，所需要注意的事項也較多。因此當崇拜用上這些現代的編隊時，音響控制員的責任便變得十分重要。

筆者所任教的神學院，有一隊由學生自發組成的敬拜隊，當中包括有領唱、司琴、結他、長笛和敲擊樂組員。敬拜隊定期在學院的早會崇拜和午間戶外敬拜時段中，帶領學院師生和同工們以詩歌讚美神。由於筆者被邀作敬拜隊的顧問，所以不時也會給予他們一些意見作參考。

記得有一次敬拜隊將在早會負責帶領崇拜，在前一天的排練中筆者也有出席。在過程中觀察到隊員間在音量平衡和協調上出了一些問題，筆者於根據當時的狀況與音響控制員商量，請他在控制台把音量的大小和均衡上，調校至一個筆者認為合適的水平。同時筆者也要求控制員把每首詩歌在音量上的處理，根據個別詩歌在控制台上音量鈕之刻度，記錄下來。因為筆者心想，只要把這一切資料記下，在真正崇拜時，依照紀錄用上同一的處理，便可獲得排練時的音響效果。還記得當日由於主要的音響控制員放假，由他的副手代替，所以筆者千叮萬囑這位副手，不要忘記把所記錄的資料交給他的主管。

崇拜當天，筆者安坐會眾當中，準備迎接這個已排練了整個下午的崇拜。出乎意料之外，筆者一向擔心的平衡問題仍然存在，並且十分明顯，甚至影響和騷擾會眾敬拜。早一日排練時所得到的效果，完全未能發揮。崇拜結束後，筆者趕緊走去音響控制台，希望從控制員的口中了解問題所在。經溝通後，筆者學了寶貴的一課，更正了一些以前無知的觀念。

原來音響控制不能單靠音量鈕的刻度作判斷，必須視乎現場實況作出調校，因為聚會人數的多少，也會帶來不同的影響。正因為此，由於我們排練時與真正崇拜時的控制員不是同一人，所以崇拜時的音響效果，便變成由控制員全權負責，他既不會完全按照排練的資料記錄行事，又不知道我們在排練時的要求和處理，只單憑自己的經驗和意見行事，所以和我們希望達致的效果有很大的出入。

很多時負責帶敬拜的弟兄姊妹都在台上擔任不同的崗位，整隊的音響效果便交由控制員全權處理。控制員往往是對音響、機械或電子有認識的兄姊擔任，他們未必對音樂都有認識，所調校出來的效果未必能完全合乎音樂處理上的要求，於是便可能出現種種的音響效果問題。我們絕對不是說不要相信音響控制員，但我們必須弄清楚控制員要完全明白並達致我們的要求，彼此必須要有清楚的共識與理解。要不然，我們便一直沒法好好處理音響上的問題。

究竟今日會眾對崇拜中的音響控制有多重視？音響控制員的知識與技術又是否足夠呢？

滿有恩慈的主，我們感謝祢，因為我們可以用不同的恩賜來事奉祢。求主讓我們學習互相配搭，獻上更美的事奉。阿們。

投影銀幕利與弊

在崇拜中使用銀幕已是很普遍的現象，通常銀幕配合高影片或電腦 power point 作投影詩歌歌詞、經文或講道大綱之用。特別是唱詩，歌詞都投影在銀幕上。以往在崇拜中每人手拿聖經和詩集的情況，今日似乎有被銀幕取代的趨勢。教會在決定安裝銀幕以前，又或已安裝了銀幕之後，曾否檢討過其利與弊呢？加拿大維真神學院神學教授唐曼華（Marva J. Dawn）在其崇拜學的著作 *A Royal "Waste" of Time: The Splendor of Worshiping God and Being Church for the World* 對此課題有不錯的討論，現引述其中的一些論點。當中大部分是與唱詩有關的課題。

銀幕的優點

一、選用的詩歌可以來自不同的來源，不需局限於一、兩本詩集，可增加曲目的選擇性。

二、教會和會眾不用花錢購買詩集。

三、由於沒有詩集的限制，教會可不斷採用新創作或會眾不認識的詩歌。

四、會眾不用手拿詩集，在唱詩時可自由自在地拍掌或舉起雙手。

五、可令崇拜的流程更順暢，因為會眾不用花時間翻詩集和聖經。

六、配合影像，增加會眾視覺的接收，藉配合的影像，增強或豐富歌詞、經文和講道內容的信息。

七、較環保，因為不用花大量的紙張印製歌詞。

八、講道時在銀幕上投影擴大了的講員影像，可讓坐在禮堂較後排的會眾，也可清楚看到講員的面貌。

銀幕的缺點

一、弱視人士或長者，對閱讀銀幕上的歌詞和經文會出現一定的困難。

二、投影在銀幕的詩歌，只有歌詞沒有歌譜，會眾漸漸失去讀譜的能力。

三、由於只投影歌詞，會眾無法以分部的形式頌唱，減低了唱詩歌的變化。

四、宗教改革家馬丁路德曾説他要一手拿聖經，一手拿詩集，他這論調可提醒我們詩集之重要。教會若棄用詩集而只用銀幕，會眾曾經唱頌的詩歌便無法留存，教會的傳統也無法傳遞給下一代。聖經與詩集，也漸漸失去其表徵我們信仰的意義。

五、曾在崇拜唱頌的詩歌，會眾無法拿回家繼續頌唱，或拿回家細味歌詞的意義。

六、教會棄用詩集，會眾也棄用詩集，信徒少了一樣豐富的每日靈修材料。

七、銀幕有可能會破壞禮堂原先的設計、擺設與觀瞻。

我們身處的年代，是一個多媒體和視像的紀元，大家由電視伴著成長，每天又會花上不少時間與電腦相對，就連電話也發展了視像電話。從以上一些對銀幕的分析，我們可以明白銀幕是一件器物，使用時將會有利亦有弊。教會不應因為是否安裝銀幕的問題而起紛爭。若我們能夠善用銀幕以幫助及改善崇拜，將會是一件美事。我們是否能夠按照自己堂會的情況和需要，發揮銀幕應有的效用呢？

厚賜萬物的主，多謝祢讓人類有智慧去發明各樣的新產品，使我們在日常生活上，加添了不少方便與舒適。求主賜智慧，讓我們懂得善用這一切的恩賜。阿們。

戲劇與舞蹈

崇拜與戲劇

相信不少信徒都看過《受難曲》這電影，雖然有人評論戲中過分渲染暴力，但不竟當中耶穌基督被鞭打、羞辱、身心受創和被釘死的景象，令看過該電影的觀眾，都留下不能磨滅的記憶，遠比我們從經文描述中所得的印象為深。相信這或許能夠説明戲劇在傳遞信息方面的力量。

二十一世紀是一個視像的世代。我們生活在一個多媒體的視像世界裏。今天有不少的電子產品，都是與視像有關的。十八世紀啟蒙運動所強調的理性思維，以文本為主的傳遞方式，有被視像媒體日漸超越的趨勢。這個轉變，也為崇拜帶來影響。近年的崇拜興起重尋視像藝術的重要性，鼓吹神的道不單可透過「説」，也可藉「做」和「看」來傳遞。因此之故，早期被教父抗拒，被中世紀教會重視，後被更正教會所漠視的戲劇，在崇拜更新的今天，再次備受重視。

韋柏在其著作《讚美進入祂的院》中討論到崇拜中的戲劇時説：「神人間戲劇化的關係，一直是猶太人節期裏的焦點。安息日就是戲劇化的回憶，記念神的創造作為；逾越節是重現出埃及的經歷；五旬節是慶祝收成；吹號節是新年的戲劇；贖罪節是回歸神的戲劇；住棚節是戲劇化的回憶，記念神帶領以色列民離開埃及、暫居帳棚的日子。在這些慶典裏，以色列人敍述和重演神怎樣跟他們相遇的故事。戲劇是崇拜的骨架。

「新約時代也有同樣的崇拜習俗。神話語的職事，就是戲劇化地重述神的創造大能、人的墮落、族長、出埃及、征迦南、先知等故事，以及耶穌的降生、生平、死、復活、升天和再來。這是故事和戲劇的精粹所在，於世界歷史裏演繹世界的意義和我們生命的意義。

「再者，主餐是偉大的戲劇，表達神在基督耶穌裏施行救贖。舊約的節期與基督教的主餐和節期都具有戲劇色彩，實在不是偶然的。藉著拿餅、祝謝、擘開和分派，救贖的戲劇就得以演繹，它所象徵的也得以說明。此戲劇亦與家中的飲食相近，這就是與生活的戲劇連上了。主餐的戲劇重演人類歷史中最重要的事件。此事件使新的創造得以誕生，也標誌著整個創造開始穩定地邁向前，至終成為新天新地。這戲劇是不能輕忽的。」

四十多歲的一代由電視伴著成長，年輕的一代則與電腦為伍，我們實對視像世界絕不陌生，我們也對單憑聽覺接收信息的傳遞方式未能全然滿意。更正教會的傳統，強調神的道，聖經的重要性。正如筆者也曾討論，今天不少信徒出席崇拜，為的是要「聽道」。但究竟神的道是否只能透過宣講被傳遞呢？過往筆者也曾講述，神的道也可藉宣讀和詩歌得以傳遞。根據韋柏的觀點，神與人就是一個戲劇化的關係，再加上戲劇在傳遞的果效，我們實應探討如何在崇拜中運用戲劇。

各位讀者，你對這方面的了解和認識有多少？

感謝主賜我們耳朵去聆聽祢的真道；賜我們嘴巴去唱述祢的美名；賜我們眼睛去觀賞祢的作為。阿們。

崇拜戲劇的種類

上文和讀者討論有關崇拜與戲劇的基本關係和概念，本文和大家分享一些在崇拜中運用戲劇的一些實際經驗。

筆者不是一個對戲劇有深入認識的人，但在筆者的教會，卻有些肢體對戲劇有深入的認識，也有對編劇有濃厚興趣及天分的。因此在過往的一些崇拜中，特別是一些節期性的崇拜，筆者都會邀請這些會友編排合適的戲劇，以配合崇拜的主題和內容。由於他們在編劇方面的創意和能力，往往能夠令加入戲劇元素的崇拜生息不少，讓會眾留下深刻的印象，同時亦令筆者大開眼界，深信戲劇在崇拜的重要性。

以下是幾個戲劇的種類：

一、**經文劇**：一般是與某段經文有關，經文不是由人誦讀，而是由演員以戲劇形式演繹出來。筆者曾經設計了一個以以馬忤斯路上為主題的崇拜。當中為了要交代路加福音二十四章十三至二十四節這段經文，安排了兩位會友，分別扮演兩個在以馬忤斯路上的門徒，藉他們的對話，描繪出耶穌基督被埋葬後門徒的內心世界，並利用這個片段緊接隨後的講壇信息程序。

二、**講章處境劇**：通常這類的戲劇內容，往往關係日常的生活，也正是講章要處理的課題。這類的戲劇，大都以精簡見稱，往往點到即止，但卻清晰地帶出要處理的問題。

在本年初，筆者的教會推行全教會的「使命人生四十日」屬靈之旅。為配合每主日的崇拜講壇信息，特別締造了一個「使命神探」的人物。神探每次追查案件的內容，以約五分鐘的短片形式播出。每次所追查的都是一些處境的問題，例如會友為何不參與事奉，又或會友為何害怕肢體相交的生活等。每套短片都以一個問題作結束，好讓接著而來的講道內容解答這些問題。

三、**音樂劇**：通常在聖誕節或復活節演出。這些戲劇多表達神某方面的救贖工作，有佈道的目的。兩年前筆者教會的初級詩班在平安夜晚上演出了一套名為《耶穌基督世上真光》的音樂劇。內容是主基督降生的信息。當中運用了佈景、服裝、舞蹈、合唱等表達方式。音樂劇後，加上一個主題內容相同的講道信息。於是會眾不單看到一套賞心悅目的歌劇，更可藉歌劇和講道，看到和聽到信息。

四、**經文誦讀者劇場**（reader's theater）：主要用來陳述一段經文，或誦讀一段有意義的散文作反省之用。這類的做法，可以是在崇拜中一個讀經的環節。最近筆者組織了一隊約有二十人的讀經隊，當中他們以獨誦和集誦的形式來代表不同的人物及內容。

五、**其他類別**：在一次復活節主日開始前，筆者邀請了幾位會友，穿上黑衣，戴上白色面譜，在台上扮作尋找狀。最後，其中一人走到麥克風前，除下面譜大聲說：「為甚麼在死人中找活人呢？他不在這裏，已經復活了。」然後這人除去黑衣，邀請會眾同唱《基督今復活》這首詩歌。

其實以上所列舉的，只是其中一些，相信還有更多的做法和更大的發揮空間。好的戲劇，能加強和豐富崇拜的主題和內容，但拙劣的戲劇卻喧賓奪主，削弱甚至蓋過所要傳遞的信息。

各位讀者，你們曾否嘗試在崇拜裏加入戲劇？

求主讓我們有智慧，以話劇來表達主的道，加深我們對祢話語的印象。求主使我們不單看到話劇，更掌握話劇中所承載的道。阿們。

舞蹈在崇拜中的意義

筆者有一次到美國的一間教會參加主日崇拜，當日的崇拜約有百多人出席。在崇拜的開始部分，會眾一同唱了約二十分鐘的詩歌。在整個唱詩的過程中，有四、五位年齡約七、八歲的小女孩，分佈站在會堂的通道上。她們都拿著小小的彩旗，每當會眾唱詩歌的時候，她們便會隨著音樂的節拍，加上簡單的舞蹈和揮動手中的彩旗，就好像我們平常所見，小孩子在飛機場列隊歡迎外賓的模樣。筆者於崇拜後有機會問這間教會的教牧，有關加上舞蹈和彩旗的原因，他説是因為想增加唱詩時熱鬧之氣氛。

在崇拜中加入舞蹈，在近年不屬罕有，但究竟這類的舞蹈是否只為增加崇拜的氣氛而設？

韋柏博士在其著作《讚美進入祂的院：崇拜的音樂與藝術》中提醒我們：

「舞蹈不是表演，不是一個程序，而是崇拜的輔助。舞蹈應為經文服務，這是它在崇拜裏當有的位置。舞蹈可用於以下五處：

一、**進堂的舞蹈**：崇拜中的進堂是令人歡欣快樂的事情，其意義可由喜樂的舞蹈來表達。

二、**宣講的舞蹈**：這類舞蹈伴隨經文的誦讀，有助詮釋和宣講經文的教導。

三、**禱告的舞蹈**：一些崇拜的禱告，如認罪、聖哉頌和讚美詩，都可以用舞蹈表達。

四、默想的舞蹈：默想的舞蹈可以伴隨崇拜的省思時刻，如誦讀詩篇、宣講後的靜默或主餐後的安靜時間。

五、慶典的舞蹈：這種舞蹈多在彈奏序樂或殿樂時進行。有時候，特別是在奏殿樂的時候，所有會眾或會投入，一起舞動。」

崇拜中的舞蹈，英文常用禮儀舞蹈（liturgical dance）或演繹之動作（interpretive movement）這兩字。這兩字提醒我們，崇拜中的舞蹈不只是為「舞首弄肢」、增添氣氛或甚至只為滿足個人手舞足蹈的意欲。而是透過動作來表達崇拜中的禮儀，又或以動作來演繹一段文字內容，就好像崇拜中的跪下、低頭、舉手，都含有特定的意義。

筆者有一次在學院的早會，設計了一個以主禱文為題的崇拜。當中邀請了一位同學，以 Albert Malotte 的音樂作背景（《世紀頌讚》第三八二首），透過舞蹈來演繹主禱文。崇拜後，這位有多年跳舞經驗的同學和筆者分享說，在過往的舞蹈表演，她都會著意和觀眾有眼神的接觸。但今次的主禱文，在整個過程中，她卻沒有這樣做，她心中只想著神，以動作來向神禱告。筆者相信，這位同學的分享，正好指出了崇拜中舞蹈的主要目的，不在於表演，讓在座的人觀賞，而是透過動作來演繹特定的文字內容，藉動作加深會眾對該內容的印象，或帶領會眾進入更深層的反省和敬拜。

曾經讀過一篇有關崇拜的文章，描述某間教會的崇拜，每次都有「勁歌熱舞」，令來參加崇拜的人，開心不已。究竟今天我們在崇拜中所採用的舞蹈，應該是單單配合音樂節拍，滿足會眾跳舞渴求的動作，抑或是含有背後意義，傳遞神的道或讓人表達敬拜的禮儀舞蹈？怎樣的舞蹈在崇拜中才能發揮意義？

主啊，感謝祢，我們不但可以用思想，更可以用身體語言來表達我們的敬拜。求主教導我們以合宜及有意義的動作，來讚美和榮耀祢的名。阿們。

結語：崇拜學的更新

崇拜多向度

香港教會更新運動在二〇〇二年九月出版了《二十一世紀教會牧養與挑戰：九九香港教會普查報告及回應》，其中提及教會崇拜模式的改變，當中集中探討了崇拜音樂運用的改變，範圍包括：一、傳統聖詩與敬拜短歌在崇拜中使用的比率；二、領唱小組和敬拜隊的趨勢；三、詩集的編製及運用；四、樂器的運用；五、帶領崇拜事奉人員的培訓；六、詩歌音樂的版權問題；七、傳統音樂與現代音樂的關係等。報告除以統計數字呈現教會的現況外，亦有對教會未來趨勢的簡短預測。

今日我們看到一個普遍的現象，就是有關崇拜的討論，大都集中在音樂方面。今日當我們談論崇拜更新時，很多時是意味著希望轉唱一些較現代的詩歌，似乎大家覺得只要改唱新的詩歌，便會帶來崇拜的更新。今日崇拜形式上的爭辯，常常也環繞在音樂的運用及風格上，例如傳統聖詩與現代詩歌間之選擇。

究竟崇拜學的研究是否應該只停留在音樂的範疇和層面？韋柏博士有關崇拜學的著作，或許能給我們一些端倪。

韋柏博士著有一套崇拜的書籍，名為「哈利路亞系列」(已由香港浸信會神學院翻譯及出版)，整套書籍共七本，深入淺出地講解崇拜學所涉及的範疇。第一本《全心敬拜：崇拜的聖經基礎》，探討崇拜的神學主題、崇拜的用語及聖經中對崇拜的描述。第二本《重尋珍寶：歷代教會的崇拜》，介紹從早期、中世紀、宗教改革到當代，歷代以來不同地域基督徒崇拜的特色。第三本《讚美進入祂的院：崇拜的音樂與藝術》是講解藝術的，當中包括音樂、視像藝術、戲劇、舞蹈、默劇等該如何作為盛載福音的媒體，有力地在崇拜中傳遞神奧妙的作為。第四本《崇拜更新：揉合傳統和現代的崇拜》，討論如何以聖經的話塑造會眾，如何餵養會眾的靈命。第五本《重尋教會的節期：教會年的節期》，帶領讀者以嶄新的角度來看傳統的教會年曆，並藉教會年曆塑造信徒的生活。第六本《經驗神醫治的大能：崇拜中的儀節》，探討如何重尋崇拜中的儀節，包括浸禮、主餐、抹油等的屬靈意義。第七本《讓聖靈加力：崇拜中的職事》，提醒讀者檢視崇拜與日常生活之關係，使信徒在傳福音、生命建立、社會行動和關顧的職事上更加得力。

從以上對該七本書的簡介，相信讀者會了解到音樂只是崇拜學中其中一項研究的項目。其實崇拜學的研究範疇可以十分廣闊，當中所涉及的包括神學、聖經、教會歷史、教會傳統、禮儀、藝術、教會牧養、教會增長、屬靈生命成長和當代文化等多個層面。此外，崇拜又不是純理性的思維，當中也涉及實踐的層面。筆者幾年前開始研習崇拜學，在學習的過程中愈來愈體會其深博，但又倍覺這門學問趣味盎然。如果我們對崇拜學之探究和討論只停留在音樂的範疇，實有瞎子摸象、以偏概全之嫌。

你對崇拜學之認識有多少？是否只停留在音樂這個範疇裏？

懇求真理的聖靈時常提醒我們，我們研習崇拜學，為的不是要增加自己在這方面的學識，而是要更多去明白崇拜的意義，以致我們能夠獻上蒙神悅納的敬拜。阿們。

崇拜學世界級學者——韋柏博士

筆者曾數次在過往的文章中提及韋柏博士，有讀者告訴筆者，希望知多一些有關韋柏博士的資料。故筆者希望藉本文略作介紹。

韋柏博士自一九六八年起在美國惠敦學院（Wheaton College）任教神學。他所教授的科目，有些雖然是選修科，但仍有大量學生選讀，可見他是受學生所愛戴的老師；這不單是由於他在學科上帶給學生的睿見，也由於其自由的教學方式，能培養學生的自發、自省和獨立思考能力。他一九六九年在學院早會時發表一篇名為*Silence of God*的演説，更引起校內長達三星期的討論，其影響力可見一斑。

過去二十多年，韋柏博士致力於基督教崇拜學方面的研究。在一九八二年，他首先完成了他第一本有關崇拜的著作，*Worship Old & New*，即是中文版的《崇拜：認古識今》。其後他又寫了*Evangelicals on the Canterbury trail: Why evangelicals Are Attracted to the Liturgical Church*（1985），*Signs of Wonder: The Phenomenon of Convergence in Modern Liturgical and Charismatic Church*（1992），及*Worship is a Verb: Eight Principles for Transforming Worship*（1992）。他對崇拜學最大的一個貢獻，是他花了超過十年時間精心編輯了一本崇拜學辭典*The Complete Library of Christian Worship*，該書在一九九三年出版。全套辭典有八冊，共約三千三百多頁。當中所轉載的文章，來自超過六百多位作

者。其中所討論的課題，涵蓋六十多個宗派傳統。這書是崇拜學的經典，是圖書館必備的參考資料，同時也奠定了韋氏在崇拜學界的重要地位。

韋柏博士的寫作活力並沒有因辭典的面世而終止，相反，他有關崇拜學的著作不斷，包括*Blended Worship: Achieving Substance and Relevance in Worship*（1994），Alleluia Series（1997）（即中文版《哈利路亞崇拜系列》），*Planning Blended Worship: The Creative Mixture of Old & New*（1998），*Worship: Journey into His Presence*（1999）及*Journey to Jesus: The Worship, Evangelism, and Nurture Mission of the Church*（2001）。此外，他亦經常在權威的基督教期刊和雜誌發表有關崇拜學的專論文章，並且在北美各大小城市，舉辦崇拜學的專題講座。

韋柏博士另一個貢獻，就是他於一九九八年，在美國創辦了崇拜學研究學院（The Institute for Worship Studies），是北美首間提供崇拜學博士課程的學院（讀者可到 www.iwsfla.org 瀏覽）。學院現時約有學生一百五十多人，來自世界各地，包括美國本土、加拿大、香港、台灣、星加坡、印尼、西班牙、巴西等地。

筆者不會忘記數年前，在美國第一次和韋博士見面的情景。當時筆者懷著興奮的心情在人羣中趨前和他握手，並自我介紹。韋柏博士隨即說：「噢！你就是香港來的 Philip 嗎？十分歡迎你。請你稱呼我 Bob 便可以。」韋柏博士就是一位如此平易近人、毫無架子的世界級學者。筆者深覺能有機會認識和跟他學習，是神莫大的恩典。

各位讀者，你又曾否拜讀韋柏博士的著作？

感謝主賜下崇拜學的先賢和先聖為我們立下美好的榜樣。求主繼續感動和興起更多對崇拜研究和帶領崇拜有負擔的肢體。阿們。

（本文部分內容取材自*The Conviction of Things Not Seen: Worship and Ministry in the 21st Century*一書。）

有待開墾的崇拜學

筆者藉著這書透過不同的焦點和角度，與讀者探討崇拜學方面的課題，希望藉著這五十多篇的文章，讀者能對筆者的崇拜觀點有一些了解。雖然不知這些短文能帶給讀者有多少的裨益，但在撰寫的過程中，筆者自覺獲益不小。第一，撰寫這書可讓筆者體會寫書要準時交稿和不能脱稿的壓力。第二，可讓筆者藉此機會整理心中對崇拜方面的觀念。第三，讓筆者有機會練習生硬和詞不達意的文筆。在此，筆者要多謝《時代論壇》給予機會，同時也要多謝每位讀者的忍耐；更要感謝天父，若不是祂賜的力量，也許筆者連一篇文章筆者也無法完成。願將一切榮耀歸給神。

筆者在崇拜學的路上常感到孤單，因為覺得同行者實在不多。但神卻有無比的恩典與慈愛，因為每當筆者心感灰心喪志的時候，神總會安排一些像天使般的安慰者，為軟弱的筆者送上適時的安慰與鼓勵。這幾年來在崇拜研究當中，筆者深深體會自己對崇拜學的認知只是鳳毛麟角，仍需要努力不懈繼續追求和研習。此外，筆者亦明白到我們每個人的力量甚是微小，但只要在自己的崗位上盡力而為，靠著主所賜的力量，我們便可以體會神同在的實在，以及與神同工的甜蜜。

寫完了這些文章，並非指筆者對崇拜的話已經講完，其實筆者心中還有很多未完的説話。畢竟崇拜是一個很大的範疇，又豈是短短的數萬字能夠道盡一切。但筆者實在需要在寫作的活動上稍作休息，同時亦希望藉此空間，再作多些研究和體會，以致「心意更新而變化，察驗何為神的善良，純全可喜悅的旨意」。如這書的內容能夠引起一些弟兄姊妹的興趣，希望你們能夠加入探究崇拜學的行列，因為「崇拜學」在華人基督教界還是一片有待開墾的田園。不是一人之力可以令它茂密，是需要大量有心人士羣策羣力才見收成。

早前筆者在一間教會擔任崇拜學專題講員，講座完結前，筆者提醒與會者崇拜不單是主日約兩小時的活動，崇拜更應是每天與神同行的生活模式。在隨後的問題解答環節中，有與會者即要求筆者和大家分享每日靈修生活的情況。他的行動雖然令筆者覺得有些意外，但卻清楚地再一次提醒筆者(以及每位讀者)，崇拜不是空中樓閣的理論，不是有關技巧的課題，而是有血有肉，基督徒生命的實踐。

筆者期望讀者們不要以自己的有限，局限和窒息了神的偉大與無限。應該嘗試開放自己的心靈，以不同的角度來體會和經歷神的權能與慈愛，以致每個主日崇拜，神的名都被高舉，每個敬拜者的心靈都被感動，阿們。

主啊，感謝袮讓我們一同探究和反省怎樣才是袮所喜悅的敬拜。求主繼續施恩，讓我們一生不斷地尋求袮的旨意。我們在天上的父：願人都尊袮的名為聖。願袮的國降臨；願袮的旨意行在地上，如同行在天上。我們日用的飲食，今日賜給我們。免我們的債，如同我們免了人的債。不叫我們遇見試探；救我們脫離凶惡。因為國度、權柄、榮耀，全是袮的，直到永遠。阿們。

《時代論壇》簡介

創辦於一九八七年的《時代論壇》，是一份應時代需要而出版的週報，由一羣對香港教會有承擔的牧者及信徒所發起，主要目標是在這急速轉變的時代中，提供時事和社會分析，輔助信徒洞察時變，積極回應時代的需要，發揮基督徒先知的責任；同時希望能建立資訊網絡，迅速傳遞信息，並促進教會彼此聯繫、建立共識、互相支援。

《時代論壇》創刊時，其角色和使命都十分清晰，它從來就不是市場主導的產物。在無休止的紛爭、矛盾和負面的資訊世界中，《時代論壇》仍舊以單純的信念，理性的思辯，以耶穌基督的心為心，用心去報道及評論，並提供互動空間，彼此豐富和勸勉。

《時代論壇》由任志強博士任社長，逢星期日出版，印刷版及網上版(網址：http://christiantimes.org.hk)同步發行，讀者超過四萬人。

「每個時代，都需要屬於自己的論壇；每個論壇，都需要緊貼身處的時代，推動這個世代胸懷世情，擁抱真理，重視真相，嚴謹思考，正視分歧，尊重對話。香港社會正經歷關鍵時刻，世界正面對嚴峻挑戰，信徒羣體也聽到更大的誘惑聲音。《時代論壇》邁向創刊三十週年，盼望你我同心同行，在疾風中企硬，在戍樓上匯聚眾聲，互相守望。」(任志強，〈社長的話〉，載於《時代論壇》網站)

訂閱及廣告查詢：

電話：(852)2785-7688　傳真：(852)2785-8335

電郵：info@christiantimes.org.hk